# 2000万円で最高の家を建てました！

ササキサキコ

けやき出版

リビングは
ひろびろ
16畳
イラストレーターの
ササキサキコです
ようこそ
我が家へ！

広い庭が自慢です！夏は子どもとプール遊び

冬は憧れの薪ストーブ！

「お金はないけど、
こだわりの詰まった家を建てたい！」
夫婦で無謀なチャレンジに挑み、
**完全オーダーメイド、40坪の工房兼住宅を**
**約2000万円で建てました。**
必要なのは熱意と工夫と行動力。
あなたもお気に入りの家を手に入れませんか？

秋は窓から180度パノラマの紅葉！

わたし
イラストレーターです
フリーになって6年目まだまだかけ出し…
書籍
雑誌・広告など媒体はさまざま…
絵を仕事にするというのは
ステキな話ですが
イラスト料の相場は
ピンからキリまで…
イラスト1本で食べていくのは
なかなか大変なことです
小さい頃からずーっとお絵かき
おえかきしてればおとなしい幼少期
マンガ家に憧れた小学生時代
なにかと描いたりつくったりする中・高校時代を経て
なんとか美大進学
苦手な課題はイラストで逃げる
一気にいろいろ学んだ
デザイン事務所勤務
フリーになる
好きなことを仕事にできているのはとても恵まれてますね
フリーランスかけ出しと同時に長男出産

夫
家具職人です
彼もまた幼い頃から木っ端で工作
木をください
解体現場にて
?
出会った頃
大学時代も
なんだか
つくりまくっていた
木工専攻
革で くつ・バッグ
部屋の改装
あみものしてる！
すげ〜
お菓子づくり
キャラメル
チーズケーキ
いつかは独立して
自分で家具の
デザイン＆製作したい
という夢があり、
家具メーカーに就職
安定の
低空飛行！
こんな
不安定かつ
低収入の
夫婦です！
サラリーマンで
収入は
安定している
けれど…
修業中ってカンジかな…
時給だし。
2人そろえば
恐くない！
のか？

# contents

# 第1章

## お金がないのに<br>まさかの新築！

# 01 家づくりを決意！

古い一軒家に住んで3年が過ぎました
築40年超
駅近 徒歩5分
DIYし放題
9畳＋6畳＋キッチン
バストイレあり
家賃6万円 木造平屋建て
家賃が安くて広さがあるのはいいんだけど…
稼ぎが少ない分家賃を抑えたい
古い家は住むのに「気合い」と「体力」を要します
断熱性ナシ
冬
プチプチはってる
鼻息白いよ…
夏
クーラー直下だけ涼しい…
風呂場が古い！
危ないな…
バランス釜
コンクリートにすのこ
深い
虫パラダイス
ナメクジ踏んだっ！
ゾゾーッ
アリが歩いてる…
ネズミ登場も
きっかけは長男を出産したこと

自然と住まいについて考えるようになりました
つーがすごい散らかる
ポイ
ポイ
プラス我が家にはもうひとつ課題がありました
夫の独立問題
ただいまー
30歳を目安に自分の工房を構えて独立したいという夢があります
家を考えるなら工房をどうするかも考えないとなあ～
ビール
工房はそれなりに広くないとダメでしょ？
機械がたくさん必要…
そうねえ最低でも20坪くらいは欲しいかな…

ぼんやりしたイメージ…
家と工房…なんか夢のような話だなあ
家
工房
それにそんなお金あったっけ？
不安定かけ出しイラストレーター→
これからどんどんお金かかる人↓
低収入→
家っていくらくらいで買えるの？
中古を買う？土地を買って建てる？
そもそも両方手に入れるなんてできるの？
お金も知識もないまま家づくりが始まりました！
ザーー

# 02 家と工房 どうやって手に入れる？

賃貸の工房は高額なうえサイズも広いか狭いかで
却下
10万以上かかる
物件少ないね…
プラス家賃か…
その2
中古物件を買う
夫は古いものが大好き
見る人によってはガラクタとも
自分たちでリフォームしながら住むというのは
腕が鳴るゼェ
また
ボロ家…
けっこう現実的に考えられました
ただ工房+家の夢を叶える物件は少ない・・・
2F
1F
1Fを工房にできる広い家
広い敷地で工房を建てる余地がある
20坪の工房がネックなんだよなあ…
それが重要なんだが
PC
あ この物件いいんじゃない?
そんな中元・建具屋さんの1階は工房2階は住居という好条件の中古物件を発見!
広い! 十分使える!
このまま使えるね

住居部分も
十分な広さ…
和室
ベランダ
リビング
ダイニング
洋室
キッチン
お風呂
玄関
しかも「そのまま住むなら」と売主さんが大幅値下げをしてくれました
破格！
ええっ！そんなに下がるんですか!?
しかし…
うーん
図面
増築を重ねた住居部分と
大雑把な図面しかない築40年超の物件で
記憶も生々しい…
内見したのは東日本大震災直後のことでした
耐震性は？
もし補強やリフォームをしたらいくらかかるの？
子どもを育てていくのにいろんな不安が残ります
ハイハイ

後ろ髪を引かれつつお断りしました
ふり出しに戻る
START
1
2
3
投げるな!!!
ポイ
子育てに追われる日々
見つからない物件……
しばらく時が経ち
住宅雑誌
その3
新築
新築ってできないもんかな
新築=注文住宅ですが……??
し…しんちく?
素人にできないところを最低限プロにつくってもらって
やれるところは自分たちでつくるってどう?
とりあえず安い土地探してみようよ
やる気
土地探し
お金もないのに新築案浮上!!

オチアイさんに聞いてみよう①

# 新築のメリットって何ですか？

P32で出会う設計士のオチアイさんに、注文住宅を建てるメリットについて伺いました。

## 集合住宅のほうがコスパがいい!?

戸建住宅の設計をする僕が言うとびっくりすると思いますが、予算と立地の兼ね合いや断熱性、防犯のことなどを考えたら、都心ではマンションをおすすめします。「集合」住宅は合理的にできているんです。土地柄によっては、マンションはあまりなくて戸建住宅が普通という場合もありますけれどね。

## 明確な目的があるなら注文住宅をチョイス

リノベーションも流行っていますが、中古住宅は建てられた時期によって、構造や断熱などの性能のばらつきが大きいため、十分な調査が必要になります。大規模な解体工事が不要で構造を使いまわせるため、建て替えと比べると安価なことが多いですが、構造の状態によっては耐震補強などが必要になり、「これだったら建て替えたほうが安い」というふうになることもあります。

さて、じゃあ、どんな人が新築、しかもオリジナルの注文住宅に向いているのかというと、建てるべき理由やこだわりのある人です。ササキさん夫婦のように「工房を持ちたい」もありますし、「車が3台ある」「庭がほしい」「二世帯住宅にしたい」など、住む以外になにか目的がある人です。

新築のいいところは、なんといっても「つくる過程」が楽しめること。思う存分、好きなことができるんです。注文住宅だと完成形は誰にもわからない。ちょっと不安かもしれません。でも、それさえも楽しんじゃえばいいって思うと、ウキウキしてきませんか？

## 03 土地探し始めました

あとの条件は
子どもの学校
MARKET
24
コンビニ
生活の便
交通の便
緑豊かな環境
挙げればキリがありません……
まず現住所の近隣から検索してみました
東京都
23区外
150㎡以上
1000万以下
いまここらへん
23区
TOKYO
検索
結果は
検索結果
5件
都内は厳しいね
だよね
だって広くて1000万円以下って…
みんな欲しいよ…
やっぱり東京は土地が高くて難しい……
ムリムリ
TOKYO
あっても山奥 がケ地 難あり…
すいません貧乏で…
ぐぐっと範囲を広げて探します
SAITAMA
会社
TOKYO
KANAGAWA
お それなりにあるね
とりあえず見に行ってみようか

週末を利用して土地めぐりをスタート！
子連れで動くの面倒なんだこれが…
飽きる。
〈A市〉新築分譲地駅までバス10分
済
済
済
うっそうとした緑…
60坪
線香の香り…！
土地のすぐ目の前が墓地！
〈B市〉高台の土地もピンと来ない
隣家
将来搬出入のため大きな車を入れる可能性
間口が狭いと駐車がきつい
両側囲まれている
隣家が近いなあ
別の不動産屋へ
○○ホーム
自社の工務店を持っているところ
しかし古家アリ
安い土地にありがち「現状古家あり」
〈C市〉その① 雰囲気・環境など良い物件
いいところだけど…
建物の取り壊しにいくらかかるかは何とも…
担当の方

〈C市〉その②
こちらですとうちの工務店で建てていただくことになります
日当たり良い〜
いわゆる「建築条件付き土地」だったため却下……
お金ないのに面倒くさい客。
キッチン 壁紙 フローリング 外壁材など惹かれない…
標準仕様
たとえば自分で壁塗って安く上がったりしますか?
ムリ。
う〜〜ん
コストダウンしつつこだわりたい私たち……
ついでに見に行った〈C市〉その③新築分譲地 いよいよ駅から遠い
周りは茶畑!
この時まで「駅から徒歩圏内」を条件にしていたのです
いい天気〜
今まで便利な場所に住んでいたし「車生活」のイメージがつかず
でも……

ここを見て一気にハードルが下がる
駅から20分 周りに何もない
ここがOKならいっそ駅が遠くてもいい気がしてきた
たしかに
それまで「駅遠い物件」は範囲から外していました
バス30分！ 遠い～ 奥すぎる～
←車の免許ナシ
けれど住みたい場所のイメージは「空が広く見えて緑が多く日当りが良い」
庭もほしい～
それって…
田舎じゃん!!!
再び検索
駅から遠いと広くて安い土地がたくさんある！
この不動産屋たくさん載ってる～
なぜなら不便だから…
PC
安!! 広い!!
でも周り何もないね!!
夢広がる物件数
とりあえず見に行くぞ～
ここからが早かった！

# 04 その土地 買うの？買わないの？

どんな場所だろうねえ
ブロロロロ。。
30分経過…
まだ着かない…
や…やっぱり遠いねえ…？
そうですね〜駅からはちょっと距離がありますよねえ〜
自然が多くなり山が近づいてくる…
でも意外とお店はたくさんあるね
ファミレス
コンビニ
大型衣料品店
ドラッグストア
スーパー
レンタルDVD
回転すし
街道沿いに並ぶチェーン店駐車場広い
駅から遠いけど生活するには便利そうです
1件目
・60坪（約200㎡）
・680万円
・スーパーまで徒歩5分
3方向民家に囲まれる
170cm
地面から170cm上がった土地

山なみがキレイ
家を建てたら見晴らし良さそう
そうですね～
ただ地面から170センチありますから
工事や外構に費用がかかったりしますね
「土地は平坦にこしたことはない」とは思います
玄関までの階段をつくったり駐車スペースつくったり…
DIYじゃ難しそう…
2件目
・60坪
・800万円
・新築分譲地
済
済
済
アキ
アキ
済
↓目の前は畑
新築分譲地だとみなさん新しく入ってくる方なので
ご近所付き合いなんかは気楽かもしれません
なるほど
3件目
・60坪
・780万円
・民家の中の空き地
山並みどーん
隣家
北側は畑
←横は広い駐車場
隣家→
西
北
南
東
↓南側は道路はさんで民家

なんかいいかも
庭も広くとれそう
ここは「土地が平坦」ですね
その後より奥まった物件を数件回りました
さすがに何もなさすぎるかな…
買いものが不便…
駅の近さが関係ないとなると優先するのは日々の生活のしやすさ
学校
保育園
病院
役所関係
子どもが育つまでは何かと近いと便利
それに加えて子どもを育てる環境などなど…
今回見た地域は「思っていたほど不便ではない」という印象でした
お店へ戻ってきた
さていかがでしたか?
3件目がけっこう良かったな〜という感じです
780万円
たしかにお客様の条件だとなかなか良い物件かと
詳しいことを問い合わせてみますね

はーやれやれ
数分後…
パタパタパタ
お客様〜
じ〜つ〜は〜
ですね〜〜
はい？
さっきの物件
今ローン審査を
受けている方が1組
いらっしゃるよう
なんですが、
どうやら審査に
引っかかって
いるようで……
土地購入→ローンの審査を通らなければならない
そ・れ・で
もし今ご決断頂いて
審査に申し込めば
おそらくこちらが
土地を購入できる
と思うのですが
…どうします？
えっ
今？いまって
今日ですか？？
え…ええええと〜〜
もう決めなきゃ
いけないんですか〜〜〜？？
あまりの急展開に頭回らず…
どうしよう…
？

ま、
1週間くらいの間にお返事いただければ
でも早めにお願いシマス♡
……さて
どうしようか…
帰宅中…
土地を探し始めてわずか2、3か月
固まるふたり
価格・広さ・周辺の雰囲気など今まで見てきた物件の中ではピンとくるものはあったけれど
それが「今決めなきゃいけないからそう思う」のかどうかわからん!
なんでこんなことに…
Sさんの罠かな…
買うつもりで探してたけどいざとなると…
フフフ…
フフフ…
ワナ…
買うの?
買わないの?
タイムリミットは1週間!

# 05 その土地買います！

1週間で土地購入の決定をしなければならなくなってしまいました
ちょっと…整理してみようか
メリットと思える点
①広さ十分
②安い（坪13万円くらい!!）
③住宅密集地ではない（工房の音の問題）
④スーパーなどのお店まで徒歩圏内
⑤学校は遠いけど徒歩で通える距離
そう……メリットは多いんだよね
ギリギリ徒歩圏内
物件
15分
おなか集まる場所
15分
学校
だからここ良いなって思ったわけだし
難点もありました
駅までの遠さ
友達来てくれるかな…
でもバスは10分に1本あるんだよね
バス停
バス
バス
私たちが育った場所は…
私
東京近郊
駅まで徒歩15分
商店街育ち
夫
神奈川県
駅まで徒歩10分
住宅街育ち
それまで便利だったので生活スタイルをガラリと変えることには勇気がいりました
わたし車の免許ないし…
取ろか…

つづく家族会議
でも通勤がなくなるし
買うのか
買わないのか
そうでした…
お金…
それから忘れちゃいけない「お金のはなし」
この土地に出会う前にSさんにローンがどれくらい借りられそうか聞いてみました
ざっくりと計算しますとね……
年収
年齢
勤続年数…
おそらくこれくらいは借りられるかと
思っていたより多く借りられそうだということがわかりました
35年ローン!
え！こんなに借りられるんだ！
これはなんとか建つかもしれない…!?
パアアアア
さらに
(借金だけどね)

家を建てるなら「生前贈与」をしようかと思ってるんだけど
父
母
なんですかそれ！
夫の両親から「生前贈与」の提案がありました
いわゆる「遺産相続」を亡くなる前にしてしまう制度です
有意義な使い方でしょう
ありがたき幸せ！
遠慮ナシ
大きな援助を受けて
まさかの
住居
工房
新築!!
新築案が現実味を帯びてきました
結論
・・私たちあんな立派な親になれるかな・・・
とにかく・・・
負債を残さないように生きよう・・・・

その土地
買います!
わ゛ーーっ
決めちゃったーー!!
お互いの両親に相談したり周辺のことを調べたりして
私の父母
周辺情報を集めて生活のシミュレーション
いろいろ考えて購入を決断!
わかりました〜
ではいろいろと書類の方を…
ハイ、ハイ、
お願いします
ピッ
わー決めちゃった
言っちゃったもう戻れない〜
ソワソワ
変なテンションのまま審査を待つのであった

# 06 設計士オチアイさんとの出会い

泥縄式に設計士を探すことに…
図面は描けませんけど…
何も決めてない
うちでお付き合いのあるメーカーさんに
お話だけでも聞いてみませんか?
出ましたSさんの営業手腕
…決めなくてもいいんですよね?
話聞くだけ!
ワナ…
もちろん!!
フフフフフ
紹介されたハウスメーカーを訪ねました
ボクも申請には詳しくないので彼に聞いてもらいますね
ハウスメーカー社長
オチアイと申します
近隣で事務所を構える設計士さんに出会いました
たとえばこんな感じ
ラフプランをつくってくれた

一般的な
2LDKほどの図面
ずめん
こんなことしたくて
あれとこれとこうしたい
契約もしてないのにやりたいことを投げ始める私たち
あ なるほど
そういうことでしたか
パシッ
パシッ
おや……
なにやら良い手応え！
話がつうじる感覚!!
好感触!!

※施主支給とは、施主が自分で建材や設備機器などを手配し、施工会社に支給すること。

土地購入の決断から数週間で設計士さんを決めました
即決
あの正式にお願いしたいのですが
えっ!あー!そうですか!
1回しか会ってないけど
次は家を実際に建てる工務店決め
Sさんはハウスメーカーさんを推してたのだろうけど…
ワナ
いや、ワナではないはず…
工事費や使える建材が限られるなど諸事情によりハウスメーカーさんはお断りし…
いやいや
すみませーん
オチアイさんのご親戚の工務店に決めました
現場監督
いとこ同士
オチアイさん
一気に進む家づくり

その間に
土地契約も
済ませて…
ひー
わからん!!
仲介手数料
行政書士さんへの支払い
頭金…お金が飛ぶ！
ハンコ押し
マシーン状態..
いよいよ
家づくりが
始まります！
土地のローンも
始まったよ！
?
施主
資金援助
大工
設計士

## 設計士さんがすぐに決まったわけ

「将来の夢」の変遷も……
大工さん
工作少年
高校生の時は理系だった
建築科に行こうかな…
突如美術系に
木工専攻
やっぱり自分でつくりたい！
一貫して「家まわり」「物づくり系」
一緒に出かけるとこんな感じです
また！
？！
家具インテリアショップにて
きょろ
きょろ
カフェにて
内装を見ている
古い物好き
古い一軒家
あの家あの外壁良いな〜
家具づくり＝物づくりには「自分が何を好みどんな物をつくりたいか」ということを明確にすることが必要ですから
シンプルで味がある
時間が経って良くなるもの
素材好き
木が好き♡
きれいな石ころ
おのずと「どんな家にしたいか」のイメージも膨らみます

そして今回
お茶…のむ？
使える建材
これもいいなー
メラメラ
これも…
建築
今までの蓄積を総動員し、さらに勉強の日々が始まりました！
私たちは「建築家の先生に全てをお任せする」よりも
こちらの細かい要望にアドバイスをくれる伴走者的な存在を求めていました
だれか!! 私はついていけません!!!
やる気マンマン!!!
そんな時ひょっこり出会ったのがオチアイさん
さていきますよ～
よろしくおねがいしまーす!!!

おまけ

息子もオチアイさん人になついています

オチアイさんに聞いてみよう②

# 家づくりのパートナーの見つけ方

## どこまで関わりたいかでパートナーが決まる

お施主さんには、ササキさん夫婦のように（笑）、無茶なことをどんどん言ってほしいと僕は思っています。「できません」は極力言わずに、何かしら近いものを提案しようとします。こだわりも個性も強いほど僕は楽しい。お互いの考えをぶつけ合って、化学反応が起きるんです。そんな家づくりを求めている方は、どうぞ当社へいらしてください（笑）。

お金があって失敗したくない人は、ハウスメーカーに行くといいと思います。モデルルームのある標準仕様の家も、オリジナルの注文住宅も建てられます。ただし、多部門にまたがって組織として家づくりを進めるので、たとえ営業担当が頑張ってくれても、設計の段階で実現できないことも出てくると思います。

工務店は実際に家を建てることに直結しているから、安全な納まりや壊れにくさ、施工のしやすさを重視して建てることが多いです。一方で最近は設計事務所のように、デザイン性を重視したところも増えています。

僕のところは、ほぼなんでもありという設計事務所ですが、使用する素材やデザインなどがある程度決まっている建築家もいます。その先生の作品としての家が好きという場合は、かなりお任せする部分が多くなりますよね。設計者とどういった関わり方をしたいのかで、会って話してフィーリングも見て、選ぶといいと思います。僕が言うのもなんですが、本編のようにピンときたら、けっこう間違っていないはずです（笑）。ちなみに土地探しこそ、いろんな対策がわかっている設計者と一緒にするといいですよ！

オチアイさんの設計事務所
**マドリヤアーキテクツ**
http://www.madria.net/
【淵野辺スタジオ】
神奈川県相模原市中央区共和 4 丁目 13-1
フェスト淵野辺 2 階 -A
【関内スタジオ】
神奈川県横浜市中区翁町 2-8-5　東里ビル 206

## 施工会社はどうする？

我が家は『標準仕様・坪単価なし』の工務店にお願いしました。
しっかりした仕事をしてもらえるかはもちろんのこと、私たちは施主施工や施主支給をしてコストを下げたかったので、「施工費が積算されていく」単純な計算方法で金額が出されることが決め手でした。

そのほかチェックポイント
得意な工法がある！
施工会社によって特色があるところも
地域の木材を積極的に使っている

# 第2章

## 間取り決定&施主支給でコストダウン！

# 07 どんな部屋が必要？

家づくりが始まりました
Step1
家の大きさを決める
広さや間取りを考えるのにこんなマス目を基本にしました
1間《けん》＝約1.8m
1間
1坪
（約3.3$m^2$）
私たちの場合「工房ありきの住居」なので1フロアあたりの広さは当初から『20坪以上』と考えていました
家が大きくなればその分建築コストはかかるし…
デコボコなかたち
機械が置きづらい…
1坪
1坪
1坪
1坪
1坪
1坪
1坪
複雑な形にすれば工房としてのスペースが使いづらくなるので
自然とシンプルな四角形に落ち着きました
6間
3間
18坪だとちと狭い…
5間
4間
20坪
住居部分も広さを無駄なくとりたいので『総2階』に決定
ハコ型
住居
工房
1階2階が同じ広さ

Step 2
間取りを決める
20坪
まず どんな空間が欲しいのか イメージ出しです
つくったものを撮影できる広い空間が欲しいんだよね
ある程度の撮影距離
独立のための新築なので… 大事!
リビングダイニングを広くとる感じかな
ひろびろ〜
うん いいねえ 広いリビング
じゃあ キッチンはどんなのがいいの?
ああ〜……
料理はスキなんだけど・・・
いちおう主婦
アイランド型は無理だな!
すべて丸見え
アイランドキッチン
片付け下手!
こぢんまり片付けやすく隠れ気味で!

そうだね…
うん
洗いものドッサリ
お風呂は?
予算的に
ユニットバスだな〜
1坪タイプで
十分じゃない?
お風呂に凝るのもステキですが…
1坪
カラスの行水タイプ
洗面
トイレ
脱衣所……
あとは寝る場所?
1.5間=2.7m
1.5間
最低4畳半あれば
布団2枚は
しけるよ
子どもが小さいうちは3人で寝られる
あとは
子ども部屋
か…
子ども部屋って
メインで使うの
高校生くらい
からじゃない?
リビングで過ごす子ども時代
こたつ
現在の夫実家
夫婦2人くらし
1F 3部屋が空き部屋
3人きようだい
あとね
子どもは成長したら
出て行くからね

たとえば もうひとり できたとして
きょうだい
勉強机と ベッドは 必要でしょ
でもそんなに 2部屋広くとる 余裕はないよね
収納スペースも必要だし…
「起きて半畳 寝て一畳…」
プラス机のスペース…
3畳だな
3畳だ! 3畳あれば 十分! ふたりで6畳!
狭っ
①
②
③
だって子どものための家じゃないし
え?
広い部屋が 欲しかったら 早く 巣立て!
文句言われるんだろうな〜
オレの部屋狭いよ!
成長
?

あとは
収納！
散らかる
部屋…
できる限り
多くね…
必要な部屋が
イメージできたら
5m/m方眼
半間
1間
「4マスで1坪」
として考えました
方眼紙を用意して
間取りを考え始めました
これが
まるでパズル！
トイレ
あれ…
トイレが
なかった…
もく もく もく…
ビリ
ビリ
階段 忘れたー！
ダメだー!!

## 08 お風呂が家のど真ん中

なるべく部屋には窓をつけたいし
階段の位置も悩むなあ
収納もしっかりつくりたいけど
導線がうまくいかない〜
う〜ん
う〜ん
考えては寝かせる日々がしばらくつづきました
放置
なかなかできあがらないパズル・・・
決して広いとはいえないスペースを有効利用するのって難しい……
そしてまず私たちが考えた間取りがこちら
オチアイさんに相談してみよう
キッチン
寝室
リビング
ウォークインクローゼット
トイレ
脱衣所
子どもスペース
お風呂

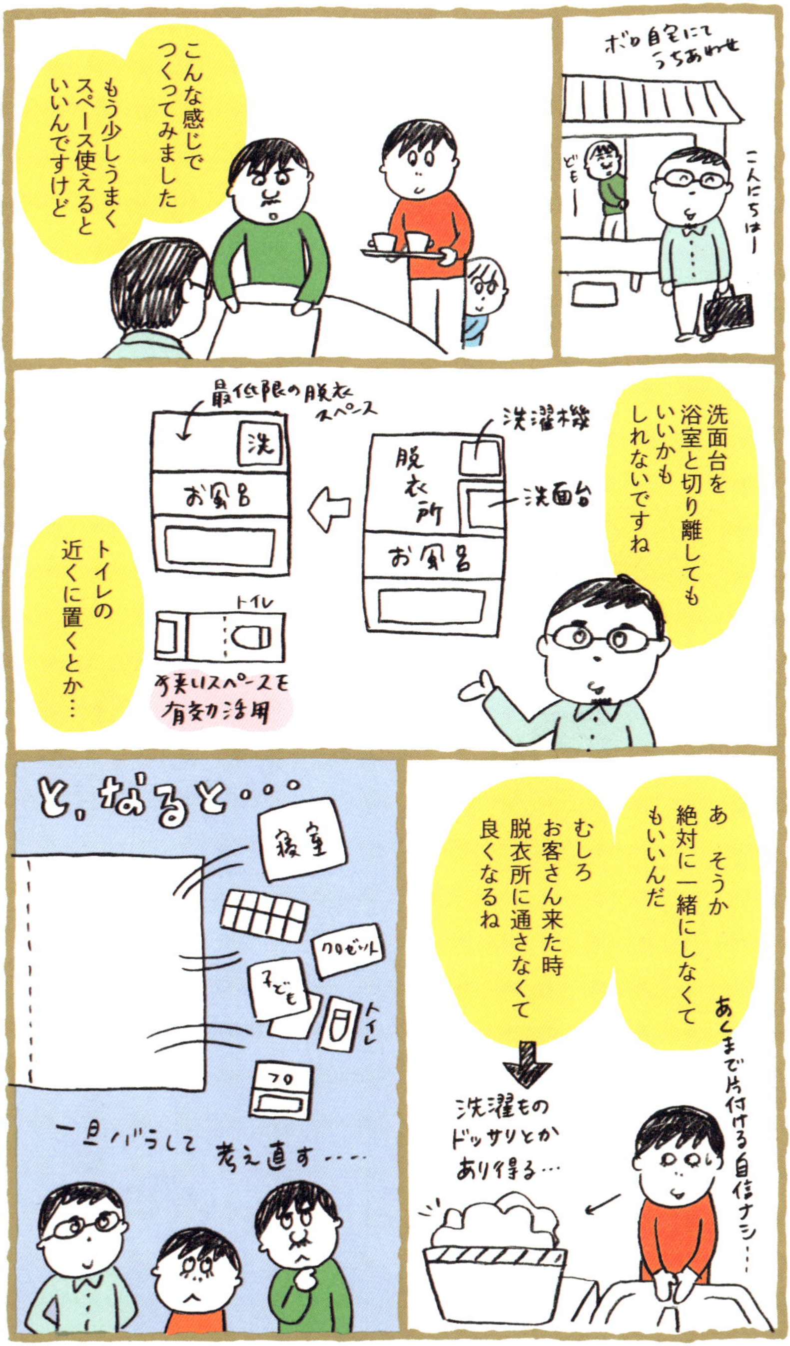
ボク自宅にて うちあわせ
こんにちはー
どもー
こんな感じで つくってみました
もう少しうまく スペース使えると いいんですけど
洗面台を 浴室と切り離しても いいかも しれないですね
洗濯機
洗面台
脱衣所
お風呂
最低限の脱衣スペース
洗
お風呂
トイレ
狭いスペースを 有効活用
トイレの 近くに置くとか…
あ そうか 絶対に一緒にしなくて もいいんだ
むしろ お客さん来た時 脱衣所に通さなくて 良くなるね
洗濯もの ドッサリとか あり得る…
あくまで片付ける自信ナシ…
と、なると…
寝室
クロゼット
子ども
トイレ
フロ
一旦バラして 考え直す…

……あの ちょっと 思ったんですけど
ハイ
お風呂を 真ん中に持ってくるのって アリですか？
お風呂
ああ！ アリですね
換気は換気扇で 十分だし 今のユニットバスは 高機能ですから
何の問題も ナシ！
マンションの お風呂は 窓ないし
窓がなくてもいいなら 真ん中でも いいですよね
そうしたら 子どもスペースに面して 収納をつくって……
キッチン
お風呂
ウォークインに しなくても
階段を端にして トイレと洗面を 隅に持っていくと……
おお！

なんか
おさまってきた！
寝室
こども
こども
お風呂
リビング
『洗面台切り離し案』
『お風呂真ん中案』が
間取りづくりの
突破口になりました
そして
この家
ぐるぐる
回れますね
いいですねえ
風呂を中心に
ぐるぐる
回れる家
ほんとだー
おもしろいね
おおまかな
間取りが
決まりました！

オチアイさんに聞いてみよう③

# 間取りいろいろ実例集

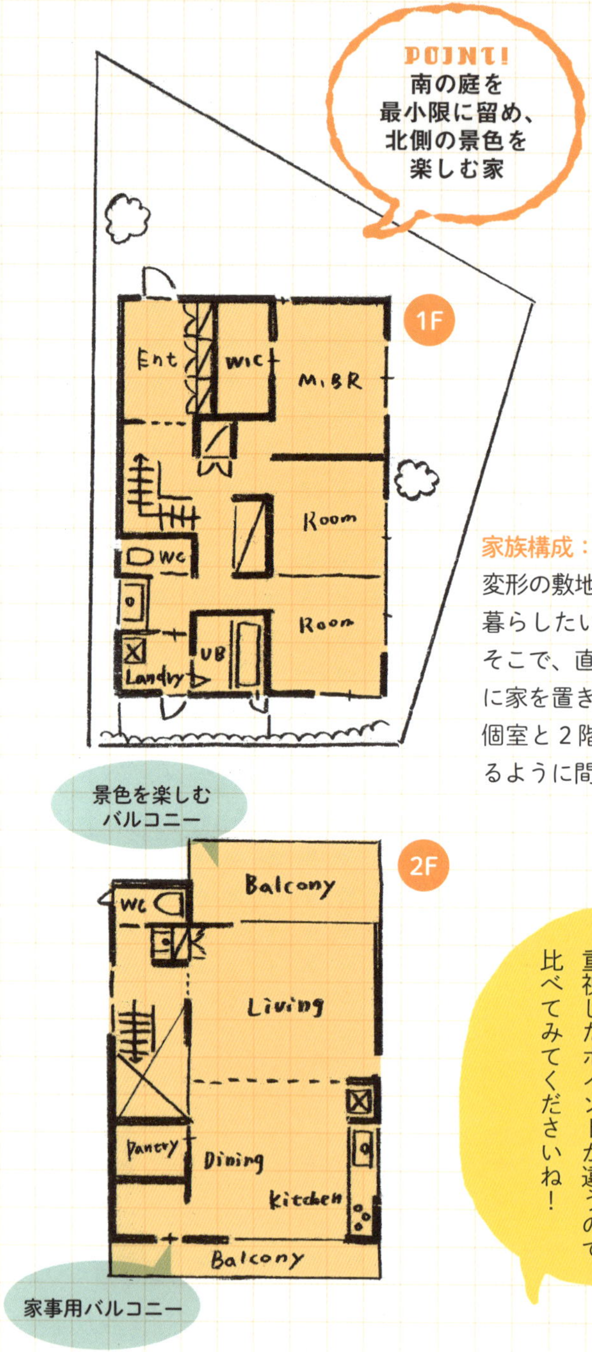

POINT!
南の庭を
最小限に留め、
北側の景色を
楽しむ家
1F
Ent
WIC
M.BR
Room
WC
Room
UB
Landry
景色を楽しむ
バルコニー
2F
Balcony
WC
Living
Pantry
Dining
Kitchen
Balcony
家事用バルコニー


家族構成：夫婦＋子ども１人

変形の敷地で、景色を眺めながら暮らしたいというご要望でした。そこで、直角の南西の角ぎりぎりに家を置き、北東の庭を１階の各個室と２階のLDKから眺められるように間取りを考えました。

僕が設計した家を
3軒ご紹介します。
それぞれお施主さんが
重視したポイントが違うので、
比べてみてくださいね！

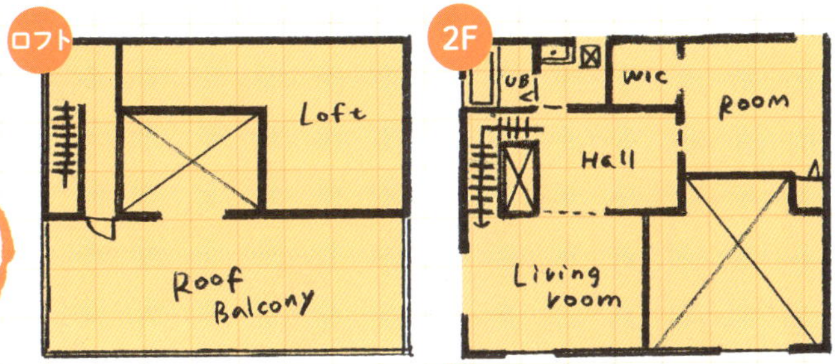


**POINT!**
自宅＆工房
＆教室の
欲張りハウス

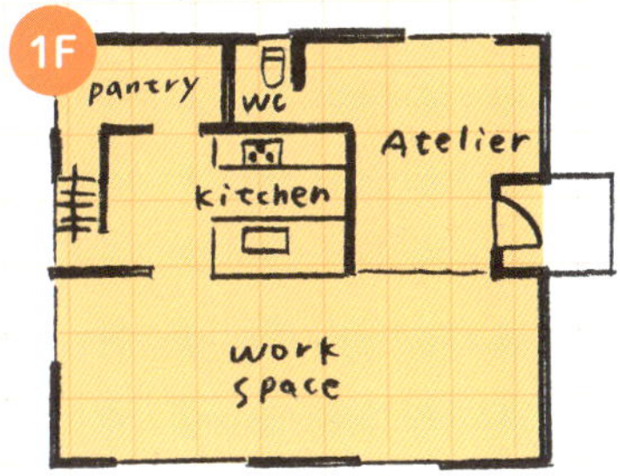


家族構成：夫婦

立方体に近いシンプルな形でありながら、内部は吹き抜けのある複雑な構成の２階建て＋ロフトにしました。１階はレザークラフト工房と教室、それからキッチンに。２階はプライベート空間、ロフト階には広いルーフバルコニーを設けています。

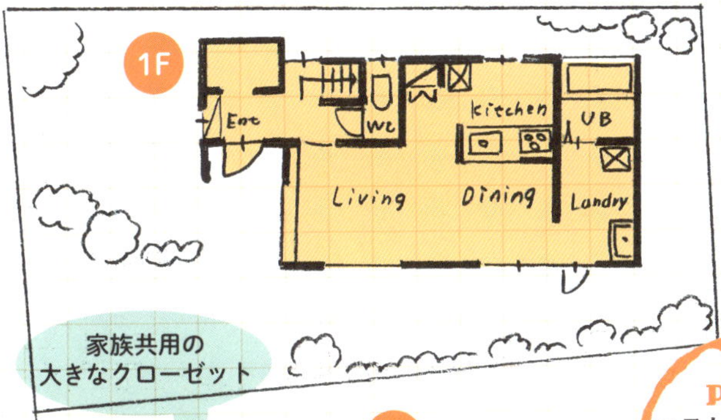


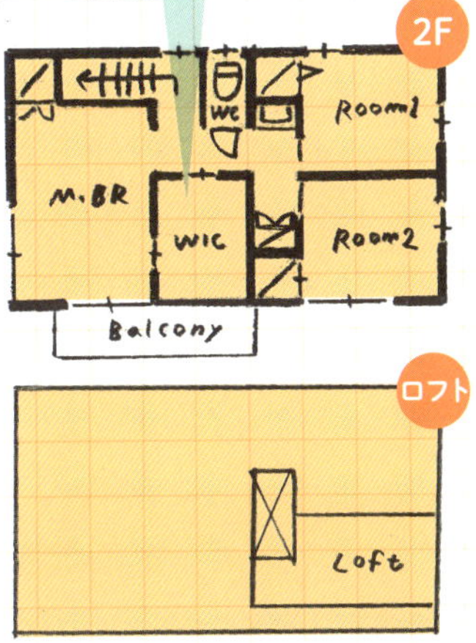


**POINT!**
コストを抑えるため
床面積を小さく
まとめた

家族構成：夫婦＋子ども２人

敷地制限の厳しい土地で、１階、２階、ロフト階を目一杯取りました。水回りを１階にぎゅっと集中させて家事が楽な家にもなっています。２階は各個室とウォークインクローゼットのみという構成です。

# 09 間取りから建物へ

ぐるぐる回れる間取りができました
食べる
寝る
くつろぐ
この間取りなら基本的な生活は十分送れそうです
でさ
あなたはどこで仕事するつもりなの？
おれは工房できるけど
自宅仕事
実は解決していなかった私の仕事スペース
えーっと…そのへんで…
ロフトつくれるかな？
天井高とれるし…
お風呂の上とか…？
お風呂
屋根の形にこだわりはありますか？

「おうち」らしい形がいいなあとは思ってたんですけど
切妻屋根
少し変形させれば天井高をとれる位置は変えられますよ
そうかじゃあこのキッチンの上でもいいんだ
キッチン
構造的にはできますよ
9畳くらいとれますね
一気にスペースがかせげる！
収納も増やせるし
仕事スペースもできる！
PC
ロフトをつくることになりました
問題解決！
平面から立体へ徐々に家の全体像が見えてきました
毎回の打ち合わせでは外観の図面も出してもらいます

屋根の形でだいぶ印象が変わるよね
屋根の形は紆余曲折を経て…
お隣への日当たり
お隣との距離が近い
見た目の"高さ"
ドーン
とんがり過ぎ??
ロフトの天井高とのかねあい
最終的な決め手になったのは「雰囲気」です
何となく「やぼったさ」があったほうがいいのかと思って
そうそう！そうなんですよ！
「おうち」らしい形
✧ピカピカ✧スタイリッシュ
＜
"味"
"親しみやすさ"
古いビン
謎のお面（木製）
古いランプシェード
ですよね！
古い平屋に古いものがズラリの現在の住まい…

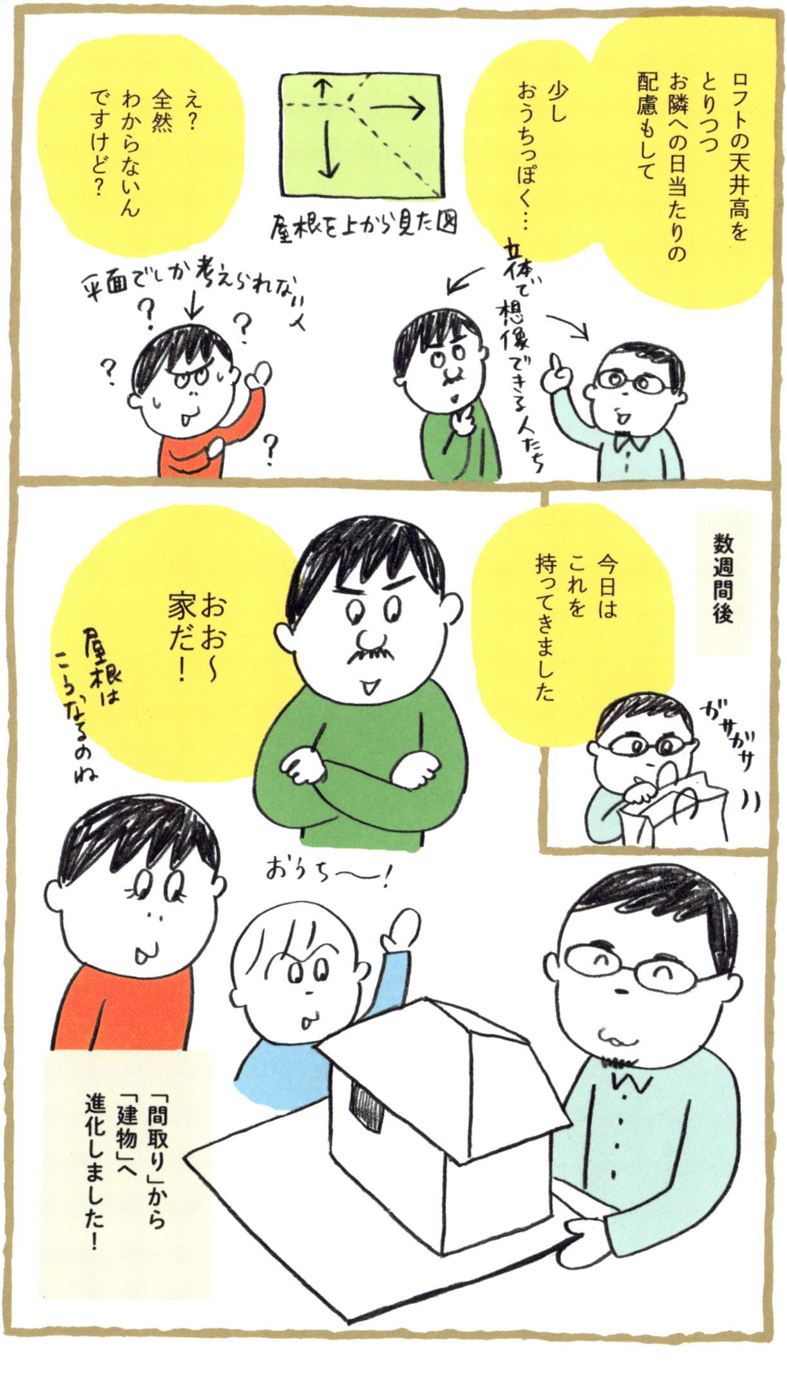

ロフトの天井高をとりつつお隣への日当たりの配慮もして
少しおうちっぽく…
立体で想像できる人たち
屋根を上から見た図
え?全然わからないんですけど?
平面でしか考えられない人
数週間後
今日はこれを持ってきました
ガサガサ
おお〜家だ!
屋根はこうなるのね
おうち〜!
「間取り」から「建物」へ進化しました!

# 10 窓のはなし

今回は窓のお話です
窓の役割といえば……
風通し
採光・日当たり
景色
快適に暮らすためにすごく重要！
だからとても迷ったポイントでした
家を建てるまであまり考えたことなかった
この土地と出会った時…
山が近くてキレイだね～
2Fのリビングからどーんとメインで見えたら素敵だね

…というわけで最初に決めたのは2Fリビングの大きな窓です
ココ
リビング
景色をきれいに見せるために『フィックス窓』が良いと思うんだ
開かない窓ね
窓枠が細いし1枚ガラスで縦線が入らない！
…気になるのは風通しかな
引きちがい窓は枠が太い
うーん…たしかにそれはある…
悩ましい……
当然風は抜けない
火を使った時に熱がこもるのはイヤだからキッチンの前だけ開けられるようにしよう
こちらは開かない
「風通し」より「景色」を優先しました

次に決めたのは日当たりの良い南東側の窓です
リビング
ココ
当初はベランダの予定でしたが…
…これをなくせば…
執拗なコストダウン根性
昔の家の肘掛け窓みたいな感じはどう?
庭があるからベランダはなくてもいいかな
30センチ
少し身を乗り出せる
外側が狭い分内側に腰掛けをつくってもらいました
大きな窓は以上の2つあとは風通しと採光を重視して考えていきました

リビングは夫が作品撮影に使うため広い壁面が必要です
窓の外はお隣の家が迫っているし上の方に窓をつけようかな
何もない壁面をしっかりとる
天窓もつけられたらいいなあ〜
撮影の時上からの光もあるといいね
何となく憧れる
夜は月が見えたり
寝室の窓はどうする?
床面に接した窓
地窓があると夏に寝た時気持ちいいかなーと思う
大きさ・位置見た目の雰囲気についてなど
ここと ここで 風通して…
明るいかな?、
日当たりはどう??
延々つづく『窓』相談

そうそう
窓枠をつくらないことも
コストダウンに
つながります
木で
枠をつける
つけない
我が家は
大きな2つの窓だけ
枠をつけました
枠ナシは
壁にポコっと
穴があいたように
景色が切り取られて
かわいいです
そして
窓の種類は
本当に
たくさん!
使いどころを
考えるのは
家づくりの楽しみの
ひとつですね
はめ殺し
(フィックス)
引きちがい
ルーバー
横すべり
たてすべり
押し出し
内たおし
なんか
相撲の
決まり手
みたい…

家づくりこぼれ話

# 我が家の窓

# 11 一点豪華主義！

施主施工!!
もう少し安く!!
ローコストを基本に家づくりを進めようとしていますが
お金をかけてもこだわりたいポイントがあるのです！
薪ストーブを入れたい！
ポカ
ポカ
仕事で木っ端が出るからそれを燃やせば経済的
初期投資はかかるけど…元とれるのか？
ほー
ざっと計算!!
エアコンで月換算して!!
ピッピッピッピッ
でんき
やめよう！
計算とかじゃなくて
生活の潤いって大事！
貧乏症!!
悪いクセだね…

薪ストーブといっても種類はさまざまです
テレビみたい
国産、海外製
鋳物・鋼板製
暖房性能
デザインもさまざま
モダンなデザイン
カラフルなものも
オーブン付
我が家のストーブは夫が以前から気になっていたものです
家を建てるずーっと前
これステキだな〜
ざっし
ストーブ工房 山林舎
Shaker Stove
シェイカーストーブ
クリエイターとのコラボ製作も多い工房
☆長く多くストーブをつくっている
☆設置工事もしてくれる
家のつくりに関わることなので信頼できるお店というのが重要です
置き場所も重要です
部屋全体を暖めることを考えると
部屋の真ん中が良い
キッチン
おフロ
このあたり
リビング

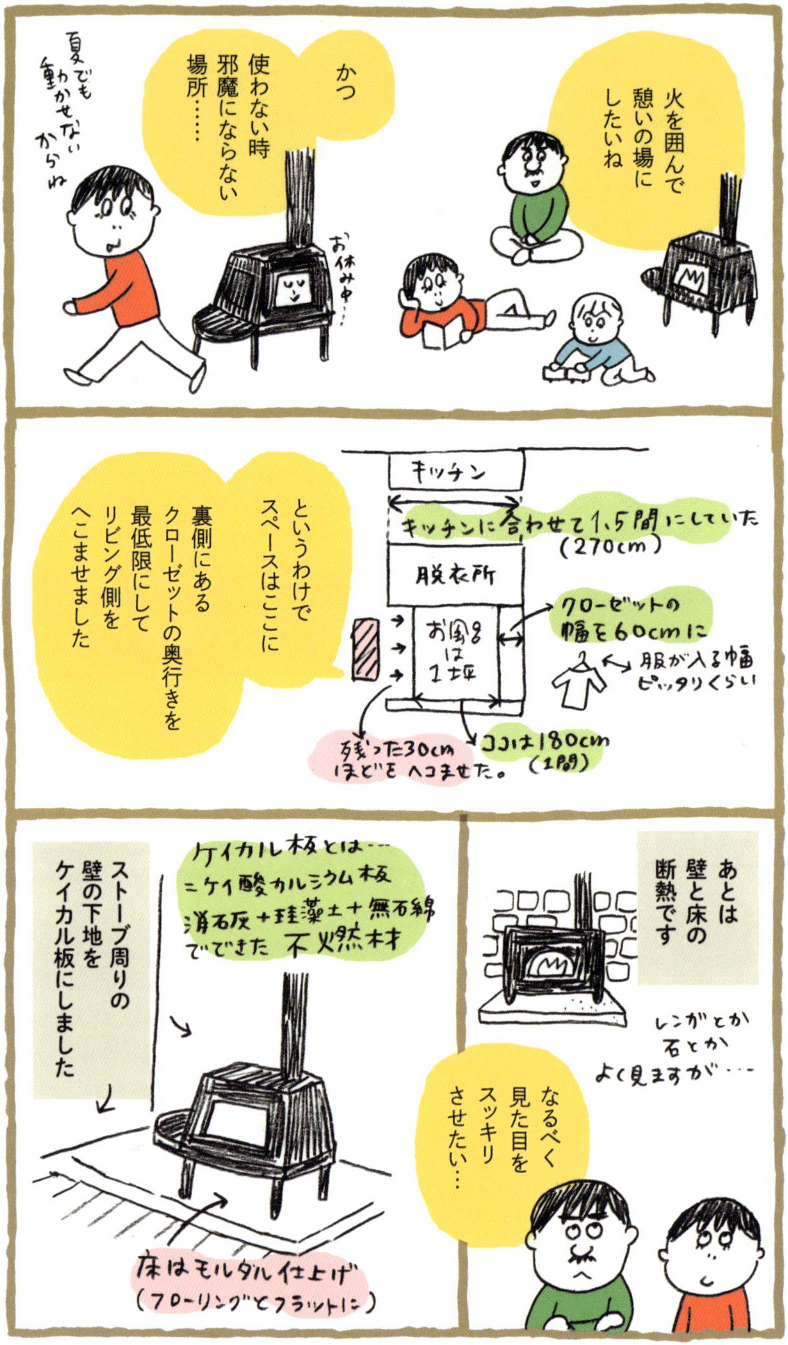
火を囲んで憩いの場にしたいね
かつ使わない時邪魔にならない場所……
夏でも動かせないからね
お休み中…
というわけでスペースはここに
裏側にあるクローゼットの奥行きを最低限にしてリビング側をへこませました
キッチン
キッチンに合わせて1.5間にしていた (270cm)
脱衣所
クローゼットの幅を60cmに
お風呂は1坪
服が入る幅ピッタリくらい
ココは180cm (1間)
残った30cmほどをへコませた。
あとは壁と床の断熱です
レンガとか石とかよく見ますが・・・
なるべく見た目をスッキリさせたい…
ストーブ周りの壁の下地をケイカル板にしました
ケイカル板とは・・・
=ケイ酸カルシウム板
消石灰+珪藻土+無石綿でできた不燃材
床はモルタル仕上げ
(フローリングとフラットに)

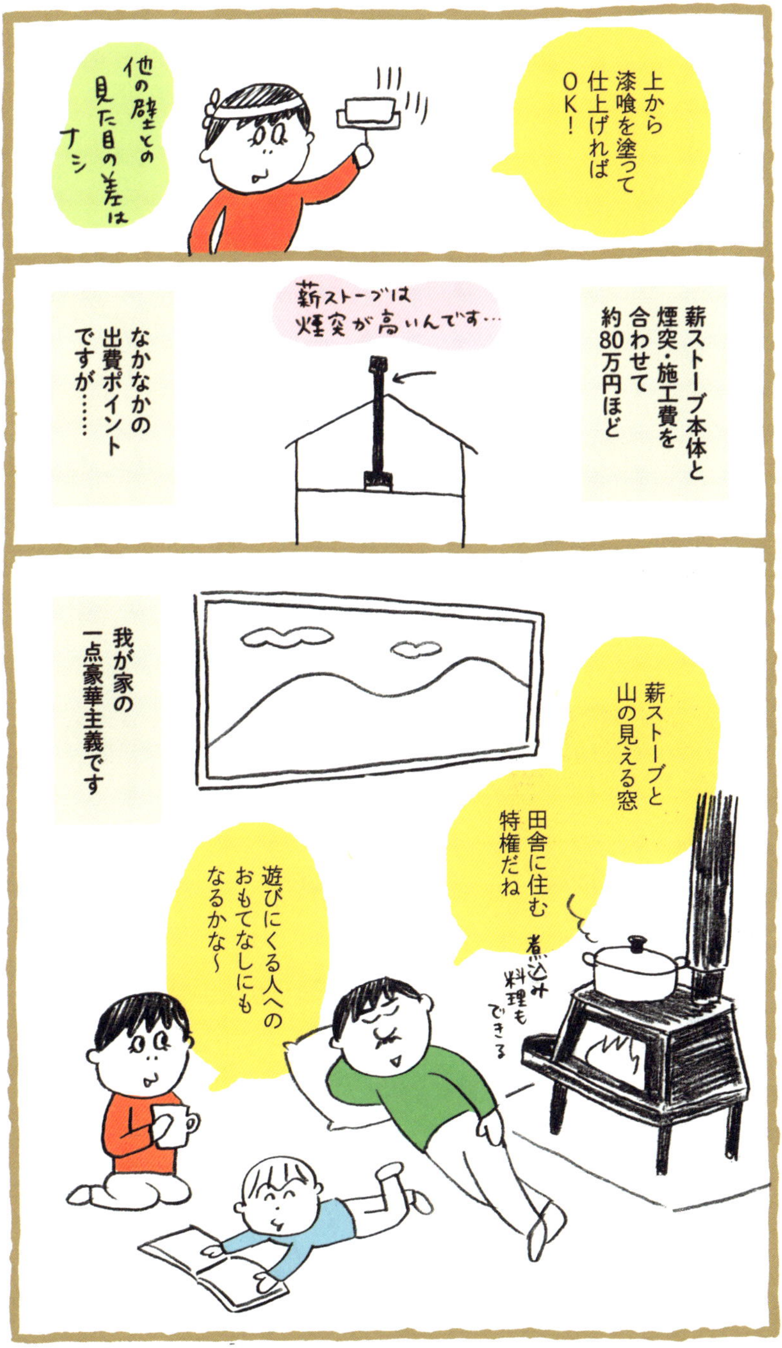
上から漆喰を塗って仕上げればOK!
他の壁との見た目の差はナシ
薪ストーブ本体と煙突・施工費を合わせて約80万円ほど
薪ストーブは煙突が高いんです…
なかなかの出費ポイントですが……
薪ストーブと山の見える窓
田舎に住む特権だね
煮込み料理もできる
遊びにくる人へのおもてなしにもなるかな~
我が家の一点豪華主義です

# 12 目指せ！片付くリビング！

リビングは物を少なく家具が引き立つ空間にしよう！
景色もステキに見える!!
まずはリビング周りで使うものをリストアップしました
ノート
ペンなど文具
書類や説明書
つめ切り耳かきなど
衛生用品
保険証、診察券
乾電池
郵便物
ティッシュ
などなど…
要するに生活する時に『ちょっと使う』ものばかりなんだよな～
こまごましたもの。
別の部屋に片付けにいくっていうのは
たぶん面倒くさくてやらない…
経験上…
というわけで収納場所になったのはここ
リビング直近脱衣所の壁面
リビング
幅1間
180cm
けっこう
狭いところ、、

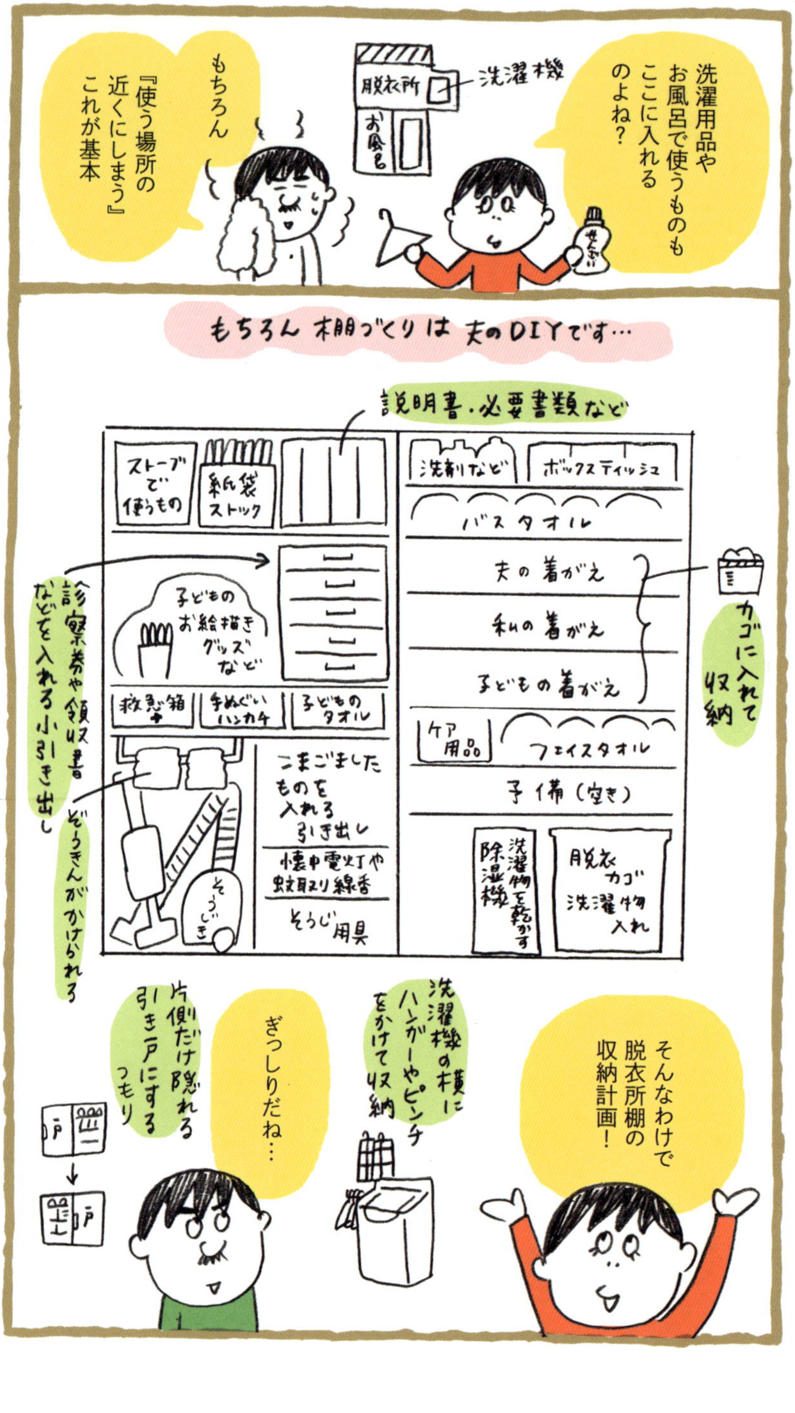
洗濯用品やお風呂で使うものもここに入れるのよね？
脱衣所
洗濯機
お風呂
もちろん
『使う場所の近くにしまう』これが基本
もちろん 棚づくりは 夫のDIYです…
説明書・必要書類など
ストーブで使うもの
紙袋ストック
洗剤など
ボックスティッシュ
バスタオル
夫の着がえ
私の着がえ
子どもの着がえ
カゴに入れて収納
子どものお絵描きグッズなど
診察券や領収書などを入れる小引き出し
救急箱
手ぬぐいハンカチ
子どものタオル
ケア用品
フェイスタオル
予備（空き）
ぞうきんがかけられる
こまごましたものを入れる引き出し
懐中電灯や蚊取り線香
そうじ用具
そうじき
除湿機
洗濯物を乾かす
脱衣カゴ
洗濯物入れ
そんなわけで脱衣所棚の収納計画！
洗濯機の横にハンガーやピンチをかけて収納
ぎっしりだね…
片側だけ隠れる引き戸にするつもり
戸
戸

気づいたけど掃除機がリビング近くにあるのは便利だね
なぜならこの人が汚しつづけるから…
コードレス掃除機
さてリビングで目立つものといえば…
テレビの置き場所どうしようか
リビングの主役になりがちなテレビですが
リビングど真ん中に鎮座
キャー
我が家の主役は薪ストーブなのだ
現状27インチで満足
テレビはでかくなくていいかなあ
食卓から見られる位置にさりげなく置くことにしました
キッチン
食卓
ココ
キッチン棚
収納
脱衣所
フロ
リビング
壁掛けにしてスッキリ省スペース!

そのうち空いてる壁にプロジェクターで投影なんてのもイイねえ
あとはオーディオ類を収納するチェストをつくるつもりです
商品見本にもなるしね
いつになるか知らんけどステキなの待ってます…
これで十分リビングのものは収まったし片付くね
ショールーム的な!!
片付く…はずだよね
片付ければね!
片付け下手
やりっ放し
努力次第
それほど几帳面ではナイ
片付けグセをつけて目指せスッキリリビング!

# 家づくりこぼれ話
# 収納いろいろ

「無印良品」の衣装ケース寸法を基本に設計

クローゼットの
奥行きは無印のものに
合わせて
ピッタリ

スペース的に押入れを十分につくるのはムリ…

布団入れスペースはこんな形

布団は立てて収納

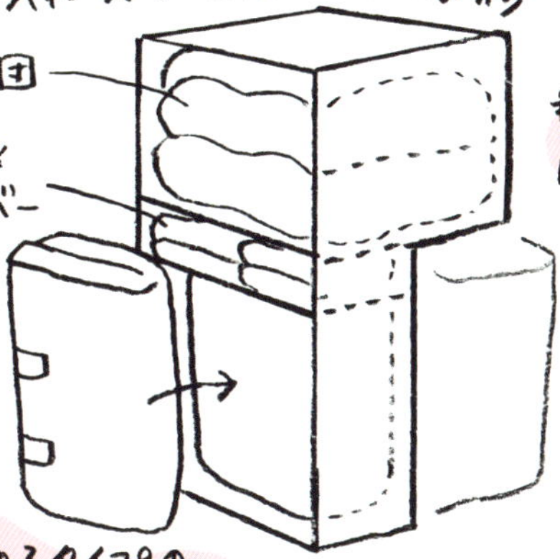
かけ布団
シーツ&
まくらカバー
季節で使わないものは
ロフトへ収納
壁をはさんだ
裏には洗濯機が
あるのです。
丸めて
立てられるタイプの
マットレス布団を収納

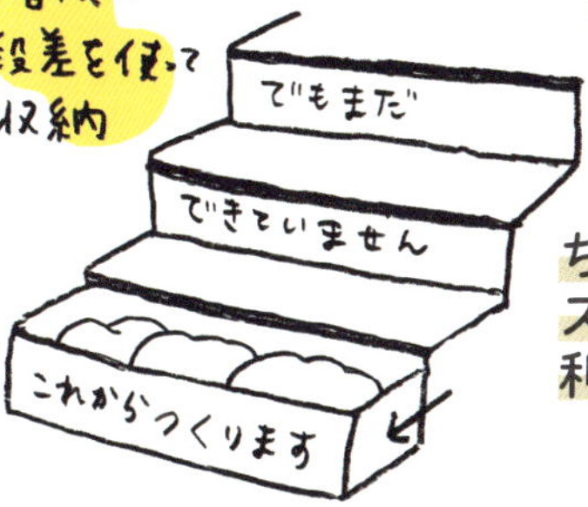
階段の
段差を使って
収納
でもまだ
できていません
これからつくります

ちょっとした
スペースも
利用

洗面所の
薄い壁に
しこんだ棚

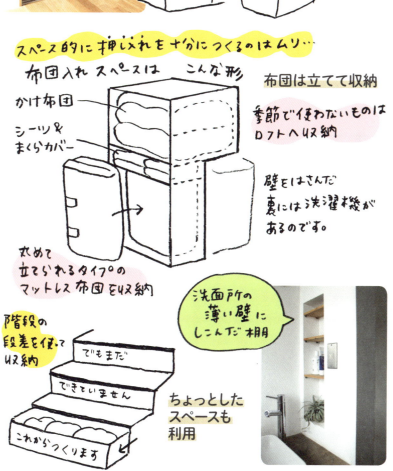

# 13 施主支給に挑戦！

家の形が見えてきました
わーい
わーい
はた・・・
でもこれが建てられるかどうかが決まったわけではナイ……
忘れてませんかお金のこと！
あわ
あわ
コストとの戦い！
まずは設備を「施主支給」にすることにしました
『施主』が（モノを）『支給』する
買う
施主
渡す
工務店
生活するのに必要な設備…
買うものリスト

いろいろあるね…
風呂まわり
・ユニットバス
・給湯器
キッチンまわり
・ガス台
・換気扇
トイレ
部屋の照明なども…
洗面まわり
・洗面ボウル
・水栓
それぞれ値段が張るからよく探さないと…
基本の購入手段は
私はおもに子守り
メラ
探すぞ〜
メラメラ
ネット通販です
「施主支給」向けの販売サイトやネットオークションを利用しました
1坪タイプ
大手メーカー
正規品
安い! ユニットバスが25万円だよ?
え? 定価90万円だけど??
どうなってんの??

安いサイトはいろいろあるので目移りします
こっちも安い!!
あ、でもこっちでもいいかも・・
ああ！売り切れてる！
ガーン
みんな安くて良いものを探している・・・
決断力が必要だね…
実物を見にショールームへ行きました
○×ショールーム
お風呂
四角いのがいいな～
タンクレスのほうがいいかな～
トイレ
ずらり
水栓いろいろ・・・
欲しい商品に目星をつけては検索しつづける日々…
おやすみ～
先に寝ます

ブックマーク
すごい
増えてる…
販売サイト
実物が見られないものに関しては
メジャー 必須
想像するのみ!
ピー
う〜〜ん
シミュレーション中
これくらい
実物大ダンボール
商品画像とにらめっこ…
う〜ん
見た目だけでなく仕様や機能、用語も自分で確認します
シロッコファン…?
※換気扇の種類
換気の力はどれがいいの?
レンジフードの形や大きさ…
トイレ
排水は床ですか壁ですか?
給湯器の良し悪しって…?
全然見当つかない
ガス

そして決断！購入!!
ポチ
ポチ
購入後も気が抜けません
これは払った
各所へ振り込み！
これとこれは…
いばらくおまちください
またかなあ～
☆入荷待ち
○○日までにほしいです～
工務店より
☆配送日時調整
あっはい決めまーす！
買ってる業者がバラバラなので混乱します！
取りつけはどなたにお願いすれば…
☆取りつけ業者との連絡
そして商品到着後は…
痛恨の採寸ミス!!
あれっでかい！
洗面ボウルと水栓の相性が悪かった…

失敗もありました……
返品不可…
ドンマイ…
しくしく
手間と混乱はありましたが設備はこんな感じで揃いました
ユニットバス…25万円
トイレ…6万円
洗面ボウル…5万円
洗面水栓…2万円
ガス給湯器…10万円
レンジフード（換気扇）…6万円
設備のコストはじわじわ抑えたものの……
見積もり書
まだまだ足りないなあ……
いや　まだまだ！自分でできることはいくらでもあるよ！
ゴオオオ
ビクッ
意外なものまで施主支給しちゃいます！

オチアイさんに聞いてみよう④

# ローコストを叶えるためには？

オチアイさんにコストダウンのコツを教えてもらいました！

## 全部にこだわらない

「一生に一度の家づくり！」と考えると、あれこれこだわりたくなりますが、ここは冷静になって「優先順位」をつけましょう。まんべんなくこだわるのが、いちばん高くつきます。絶対にやりたいことと、そうじゃないことを整理しましょう。

## 大きくしない

家は大きいほど材料や手間賃がかさむので、当然建築費も上がります。「広ければ良い」わけではなく、「家族の生活に見合った機能的なスペースの確保」を考えてみましょう。

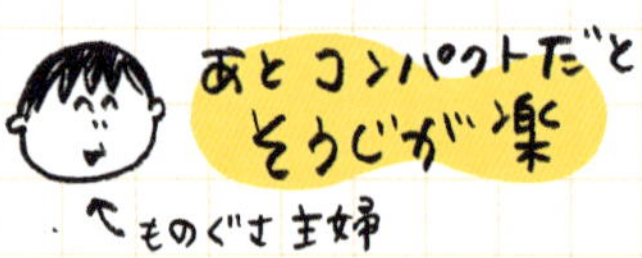

## 施主支給をうまく使う

例えば、キッチン、照明、ユニットバスなどを自分たちで手配します。手間はかかりますが、ぐっと減額できる可能性が。ただし、施工会社によっては断られたり、余計に費用がかかったりする場合もあるので確認が必要です。

## 工務店の強みを生かす

工務店によっては、標準仕様として大量に安く仕入れている設備があることも。「いちばん安く手に入るキッチンはどれですか？」などとざっくばらんに尋ねてみるのも手です。

## 自分でメンテナンスできる素材を使う

メンテナンスフリーの素材ばかりだと金額は跳ね上がります。自分でお手入れできる素材も選択肢に入れてみて。自然素材の場合、細かな傷を気にしないことも重要！　傷がつかない加工のしてある自然素材は高価なのです。

## 準防火地域を避ける

利便性が高い住宅密集地は、準防火地域のことが多いです。準防火地域では、外壁や屋根の仕様、防火戸、シャッターの有無などにルールがあり、費用が余計にかかります。道路や境界からある程度建物が離れればルールから外れるので、広い土地を選ぶのもアリです。

## 14 外壁材も施主支給！

家を建てると決めた時からやりたいことがありました
外壁を木張りにしたい！
素材好き
経年変化好き
木を扱う仕事
だんだんグレーになるのが良いんだよ
やりたい気持ちはわかります
ホー たしかにいいね
でも木を切って張ってもらうんだから
高くつかない？
大工仕事が増える
……というわけなんですがオチアイさん
木張りやりたいんです

※サイディングとは、下地に釘で打ち付けるだけの、施工性が高いボード状の建材。窯業系はセメントなどを原料にした最もポピュラーなもの。

クワ〜
わあああ
検索の鬼!!
安価な木材を扱うサイト発見
お!安い!
おお!安いですねーよく見つけましたね〜
えっへん
塗装はどうするの?
自分で塗る
自分で塗るのか…
木材ドッサリ
1枚1枚塗る!!
ヒ
気が遠くなる…
ん〜でも…

無塗装でもいいかなって
木の断面
この木材「赤身」だから
腐りにくくて耐朽性があるし
ヘタに塗装して色が退色するのもかっこ悪いし…
いや〜…どうかなあ無塗装……
塗った方が良いんじゃ…
ちょっと不安…
塗る手間がないのは嬉しいけど
夫の決意は固かった
大丈夫だと思うよ
わたしは心配でした
ガバッ
やっぱり塗った方がいいんじゃ!
ふとん
・・・!
zzz
なんで?
zzz
こうこうこうだから大丈夫
論破!!

この木材で無塗装でいきます！
坪＝3700円 秋田杉
わ、わかりました、
どうとでもなれ〜
ついでにフローリング材も発注します
安いですね
$1m^2$＝3400円 オーク（ナラ）
こうして安価な外壁材とフローリング材を施主支給してコストダウンしました
木張り楽しみ…
やりたいことはなるべく達成しつつコストダウンしています
でもまだまだコストダウンの努力はつづきます…

番外編
今回は「木材について」
家を建てるにあたって
こだわりたかったのは
『なるべく無垢の木を使うこと』
ベニヤ
合板
薄い板を重ねて接着した板
集成材
小さい木材を複数接着して大きくした木材
無垢の木
丸太から切り出した木材
木の風合いがあり
経年変化を
楽しめるからです
何度も言いますが
経年変化
素材感
好き
木には
針葉樹と広葉樹が
あります
サクラ
ナラ
メイプル
タモ
etc…
ヒノキ
スギ
マツ
etc…
おおまかにいうと…
広葉樹
重い・固い
キズがつきにくく
強度がある
＝
家具・内装に
よく使われる
針葉樹
軽い・柔かい
油分が多い
虫くいも少ない
＝
建材によく使われる

我が家の外壁は『秋田杉』です
昔から日本で使われている木材で流通量が多いので安価な材が出ているようです
「外で使う」ことだけ考えればレッドシダーやチークなど固くて強い木材もありますが……
毎度おなじみ
こちらの問題…
予算
構造部分は『米松』
見える部分は無垢材を使ってもらうようにお願いしました
梁(ハリ)
柱 ハシラ
集成材になる可能性もあった

フローリング材は
広葉樹の『ナラ』です
木目が目立ちすぎず
赤すぎず落ちついた色味
こちらの決め手は
「見た目が好きだから」
広葉樹に比べて
針葉樹の
フローリングのほうが
柔らかい=空気を多く含む
ので暖かく感じます
足触りは
明らかに
違います
いま住んでいる
古民家は
パイン材
(針葉樹)
購入したのは
無垢のフローリング材
何枚かつぎ足して
1本の材を
つくっている
ユニタイプという
幅が狭いと安い
ユニタイプは
安く手に入る
ことが多いので
おすすめです

施工後
表面の保護のために
オイルを塗る
予定です
オイルフィニッシュ
自然塗料
wood oil
ちなみに
夫がつくる家具は
おもに広葉樹を
使っています
うちにある唯一の自作テーブルはチェリー材
チェリー
ウォルナット
メープル
オーク
タモ・・・
外国産の材が多い
安くても本物を使う!
無垢=高価?
というイメージが
ありますが意外と
安く手に入るものです
手入れをすれば
良い風合いが出ます
おすすめです!

# 第3章

# いよいよ着工&施主施工に奮闘!

# 15 地鎮祭をやってみた

GW中につき大渋滞
遅刻
抜け道の悪路・・・
やっとついた・・・
おお！
なんかすごい豪華！
想像以上に立派な祭壇！
今日はよろしくお願いします〜
よろしくお願いしまーす
工務店社長（カントクのお父さん）
ジリジリジリ
両親も到着
どうもー良いお天気で

正直…詳しいことがわからないまま臨みました
〔地鎮祭 式次第〕
修祓(しゅばつ)
降神(こうしん)
献饌(けんせん)
祝詞奏上(のりとそうじょう)
四方祓(しほうはらい)
地鎮(じちん)
玉串奉奠(たまぐしほうてん)
撤饌(てっせん)
昇神(しょうしん)
祝詞
四方祓(しほうはらい)
四方を清める
地鎮祭の見どころ
地鎮の儀
あれは一体…?
盛り砂に草がささっている
『刈初め』(かりそめ)設計者が行う
草を刈る!!
エイッ
エイッ
エイッ
ハッ
思いもよらぬ大きな声
しずしず…
ドキドキ
『穿初』(うがちぞめ)施主が行う
満を持して登場
鋤《スキ》
しずしず

エイ！
エイ
エイ
ザッ
ザッ
土を掘りおこす!!!
しずしず…
一礼…
なにやら小箱
箱を…土にさしている……？
ズズズ
鎮め物を納める
『土均し』(つちならし)施工者が行う
土を均す!!!
エイ！
エイ!!
エイ!!
神の世界の不思議……
箱がささってくずれている土

玉串奉奠
（たまぐしほうてん）
二礼
二拍手
一礼
クルクル
お供えを下げる
全部で30分足らずで終了！
ご近所に軽くあいさつまわりをして…
よろしくお願いします〜
小さなお菓子を配った
おめでとうございます〜
無事地鎮祭を終えました
やーよかったよかった
第一関門突破って感じ！
ワイン！
神社オリジナルのワインです
やれやれ
お供えドッサリもち帰り
節目としてやっておいて良かったと思います
お供えのパイナップルおいしくいただきました

# 16 棟上げしました

地鎮祭を終えて数週間後に家の基礎ができました
建物を支える土台
コンクリート
………なんか…
そっちがリビングで…
狭く感じるのは私だけ？
そう感じるもんらしいよ
1F部分はワンルームなのでのっぺりとした土台…
平面だけで見ると家の大きさは想像がつきません
やや不安
へ～

基礎が
でき上がると
次は『上棟』
1日
見守りに
出かけ
ました
午前10時頃
現場に
到着
1日で一気に
家の骨組みを
組み上げます
オハヨウゴザイマース
わー
もう1階が
できてる!
早いな
オハヨウゴザイマース
立派なクレーン
おお～
大量の
木材
おお～
そして
大工さんの人数が
多い

つり上げて
荷下ろし
ブラーン
コーン
コーン
大きな木槌で木材を組んでいく
コーン
コーン
これは人手がないと話にならないね
カントク
社長
いつもの大工さん
プラス助っ人とクレーン
総勢7名でひたすら組み続ける!!

こう？
？
なんか話してる
屋根の勾配の方向ですかね
けっこう図面見ないで組んでたりするんですよねー
木材には場所を表す合番が
カントクはわかってるハズだけど
そんなことできんの？
勘？
昼食と休憩をはさんで
日暮れ前に屋根の骨組みまで組み上がりました
上棟式はごく簡易的に行いました
あれ？お札に名前がかいてないぞ
あっ忘れた！
唯一やるべきことを忘れる私たち…
ま、いっか
お清め
建物の四方
一本締めで終了！

ありがとうございました!!
いやー…
心配だったけど
ドーーン
想像以上に
でかいねこの家！
20坪総2階
心配することなかった!!
建物って
『高さ』なんだねー

## 17 キッチンを施主施工

浄水器一体型
水栓(GROHE)
洗いカゴ置き
シンク
80×50cm
作業スペース
35cm
70cm
65cm
270cm
洗いカゴ(Labase)を置くつもり
コンパクトなキッチンです
3口コンロ(ハーマン+α)
じゃ製作よろしく!
がってん
ゴミ箱など入れてつかう
数週間かけて製作したキッチンを現場で組み立てます
満載
乗れない…
いろいろ
天板
シンク
私の母出動
2台で現場へ
非力な荷上げ要員
ぐおー
ちょいまって!!
天板階段上げ
いくぞー
じゃしばしお待ちを
よろしく…
フウ

夫の家具仕事は手伝えないので待つのみ…
お散歩中…
お昼をはさんで組み立てたキッチンを設置します
ん?
ガタ
ガタ
うーん 直角が合わない 壁も まっすぐじゃ ないなあ
壁にピタっと沿わせるために調整中…
『家』と『家具』の大きさの差はそのまま寸法の精度の差に出ます
大きな家では問題にならないゆがみも…
家具の方が水平や直角が厳密なんだな…
なるほど…
ガタつくなあ…
ガタ
ガタ
家具だと致命的なゆがみに…

ガタガタ
シュッ
シュッ
まだかな
あの……
※まだ電気が通っていません(11月下旬)
日が暮れましたけど
シンク
取りつけ中
もうちょっと!
懐中電灯
飽きてる
施主施工は始まったばかり……
終わった!
見えない!
まっ暗

# 18 壁塗りは大変だ

大量の漆喰が届きました
どーん
しっくい
しっくい
しっくい
しっくい
しっくい
しっくい
しっくい
しっくい
しっくい
しっくい
しっくい
いよいよ壁塗り開始です
年内に入居するためには作業に使える日にちは12月までの週末6日間
11 NOV
は〜寒い…
天井高いんだよね…
ココとか…
下塗り
シーラー
しっくい
24時間乾かす
下塗りと乾燥と本塗り高い勾配天井に初めての漆喰…
6日間で終わるのか？

そうと決まれば友人にヘルプをつのり…
あのー
お手伝いたのめるかなー
スケジュール決定！やるしかない！
壁塗り計画！
1日目 養生
2日目 下塗り
3日目 本塗り ヘルプ×①人
4日目 ヘルプ×①人
5日目 ヘルプ×①人
6日目 養生はがし ヘルプ×②人
できるだけ早くおわらせること!!!
息子の預け先も確保して…
一時保育 ×1日
夫の両親 ×1日
私の両親 ×2日
子連れで ×2日
まず養生からスタートです！
ビーーッ
マスキングテープ
床と壁の間
ビーーーッ
チマチマ
壁と木枠のこまかい段差
地道な作業……
窓のサッシ
チマチマ
窓枠の端
ビーッ

これをしっかりやるのが重要なのよ それに…
じっくり派
せっかち
階段なんかもっとめんどくさいから
ココ
ココ
ココ
ココ
ココ
塗る
塗る
細かいっ！イライラするー!!
どあ〜〜
短気
もう一息やろう!!
あと少し!!
ここだけ終わらせるね!!
あ〜〜〜!
しまった！お迎え間に合わないよーー！
ごめんーー!!
スミマセンーー!!!
最後の1人
遅れないでくださいねー
ヷーージ
養生から前途多難の予感…

壁塗り2日目の養生と下塗りをへて
いよいよ漆喰塗り本番!
壁塗り3日目 ヘルプその①
しかしこの日は息子もいる!
息子
2歳児 絶賛イヤイヤ期
ぬう〜〜〜(塗る〜〜)
上手〜〜
ローラー塗りは全員初心者
仕上げ方を探りつつ進めていきます
うーん
うーむ
一番大変そうな天井塗りから始めようか…
かなりの広範囲….

けっこ〜〜な高度感…!!
あ〜〜これ首にも腕にも来るなあ〜
ちょっとたれるし…
脚立に足場を置いている…
やはり難所だった天井塗り
子守り中
夫婦2人では手に負えず友人たちのヘルプが大変力になりました
壁塗り4日目 ヘルプその②
5日目 ヘルプその③
ヘルプその④
子連れ参戦
夕暮れ……
体力消耗!
疲れた…
子守り疲れ
なんとか天井塗り終了

みなさんのおかげです!
終わったー!!!
わーいわーい
わーよかったよかった
5日間で壁塗りが終了!
作業6日目養生をパパッとはがしてスッキリ完了!
ベリベリベリーっと
…
のはずが……
時間経ちうまくはがれぬ養生テープ
ネトネト
細かい箇所のテープがアダとなり
ちまちま再び
キー!
日暮れまではがし作業に追われるのでした

家づくりこぼれ話

# 壁塗りに挑戦！

壁塗りは、施主施工の中でもコストダウンに貢献でき、家づくりの一端を担える楽しさがあります。家の広さ＝壁の広さによって負担は大きく変わりますが、素人でも挑戦しがいのある工程です。

**つなぎ＆帽子**
すごく汚れるので完全防備で！

**使用した漆喰**

**ローラーで塗れるカルククリーム**

スイス漆喰
カルククリーム
10kg
(約10～15㎡)
15,760円

**用意した道具**　全てホームセンターで揃います。

天井塗りは
漆喰がたれるので
素早さと思い切りが大事！
慣れると作業も
スピードアップします。

多少失敗しても
大丈夫。子どもも
チャレンジできます。

子連れは大変だけど
安全が確保できれば
良い思い出になります。

お手伝い必須！
大人数で楽しみながら
やるのがおすすめです。

コラム

# どこまでできる？施主施工

## コストと労力を天秤にかけて！

家づくりに参加するなんて、なかなかできない経験ですから、施主施工は良い思い出になるはず！　狙いはコストダウンですが、思った以上に大変で、時間がかかる作業も。「労力」＞「コスト」にならないよう、時間が無理なく取れるか、道具を揃えられるか、お手伝いを頼めるかを検討しましょう。他の工事との調整もお忘れなく！

## 壁塗り

人手を必要とするので、自分でやれば大幅なコストダウンにつながりますが、家の大きさによっては大変な作業になります。人員確保は抜かりなく！　記念に家の一部だけやるのもおすすめ。ちなみに石こうボードを固定しているネジ穴を埋める「パテ埋め」はかなり手間がかかるのでやってもらった方がベター。

## 床塗り

無垢のフローリング材の場合、汚れ防止にオイルやワックスを塗って仕上げます。入居直前の作業になるので、工事にも影響せず、モップのような道具でできるのでお手軽です。

## タイル貼り

水平垂直をとったり、道具の準備が必要だったりと、手間はかかります。まずは狭い範囲でチャレンジしてみても。少しズレるのもご愛嬌と思いましょう。

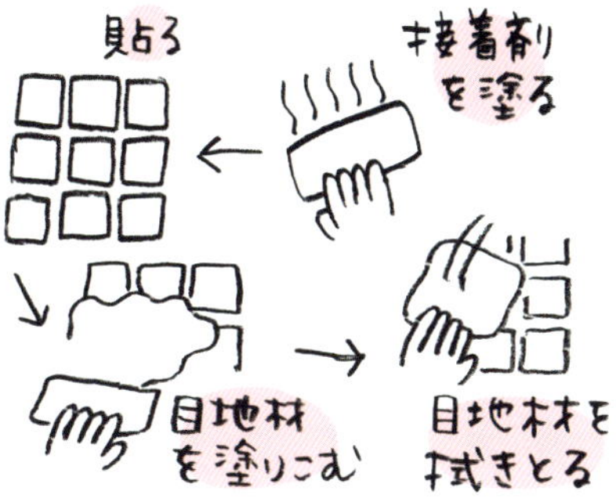

## 棚付けなど

入居後に時間を見つけて進められる作業。DIY が好きな方はぜひ。「付ける場所」がなくなったらさみしくなるぐらいハマるはず。

### 夫コラム　つくりながら暮らすこと

つくりながら暮らすこととは、暮らしを自分の手でつくり出すことだと思います。

元々つくられている部分に手を加えるのは勇気がいりますが、自分でつくったものなら大丈夫。暮らしや気分の変化に合わせて、自由につくり替えることができます。

日本ではまだ一部の人の趣味でしかないDIYですが、欧米では自分の家に手を加えるのはごく一般的なことのようです。彼らのつくる空間を素敵だなと感じることが多いのは、つくることを通し、自分の暮らし方について私たちより深く見つめているからかもしれません。

DIYなんて器用な人しかできない、と思うかもしれませんが、つくり方と、ちょっとした道具の使い方を知れば、簡単なものなら誰でもできると思います。

# DIYで棚づくり

## 可動棚

我が家の脱衣所収納はこうつくりました。

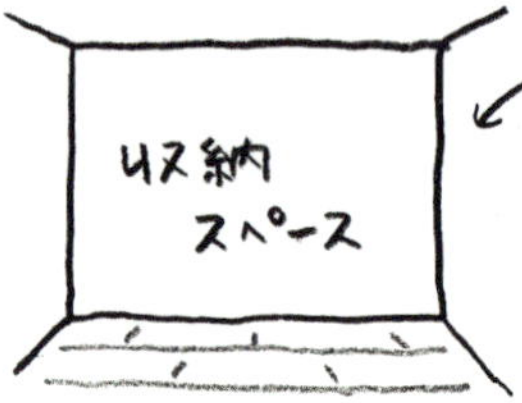
収納
スペース

下地に
コンパネ（コンクリートパネル）
9m/mを張っておいてもらう

準備するもの

- インパクトドライバー
- 棚ダボ…棚を四隅で支える金具
- ダボ錐…棚ダボをつけるための穴を開けるもの。インパクトに装着して使う。
- 金づち

### ① 壁の棚をつける位置に印をつける

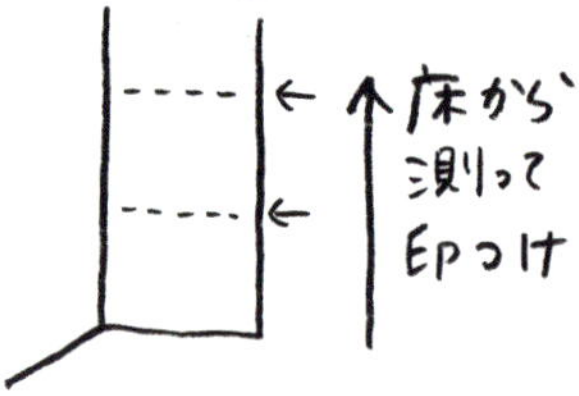
床から
測って
印つけ

★壁に棚をつける場合、石こうボード（壁の下地材）にはビスが効かないので、柱などの「木部」が通っているところを探しましょう。

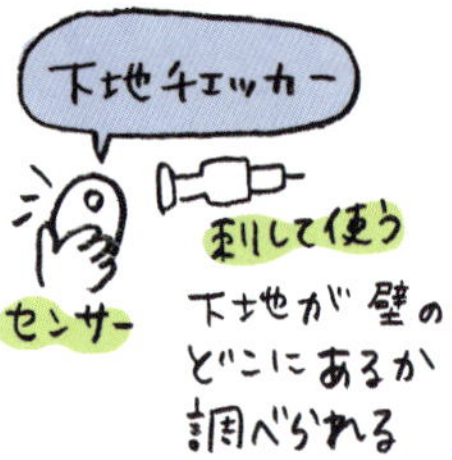
下地チェッカー
センサー
刺して使う
下地が壁のどこにあるか調べられる

### ② 穴を開ける

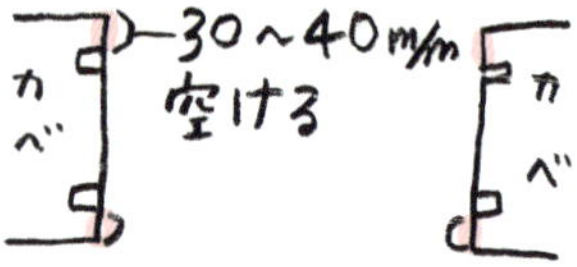
30～40m/m
空ける
カベ
カベ

### ③ ダボをつける

1. メス型ダボを穴に打ちこむ

2. オス型ダボをつける

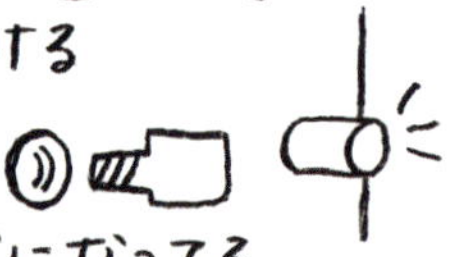
ネジになってる

### ④ 棚板を設置

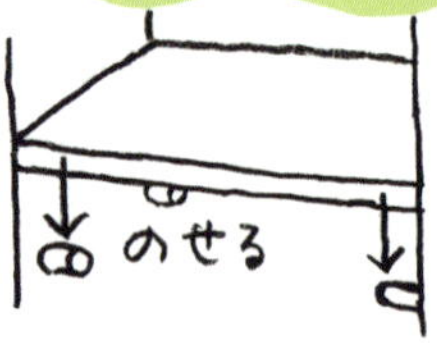
のせる

棚板は集成材や12m/m厚ベニヤなど

我が家は棚板に外壁材の残りを使ってます

# 箱もの

木材はホームセンターでカットしてもらいましょう。

準備するもの
- インパクトドライバー
- コーススレッド（ビス）

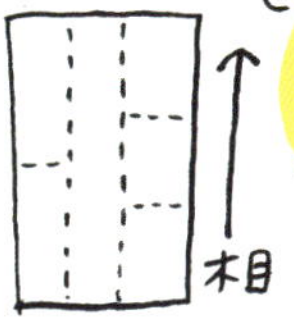


CHECK!
部材の長辺と木目の方向を合わせてカット

ホームセンターで手に入る木材
- ○SPF（マツ科の木材）
- ○集成材

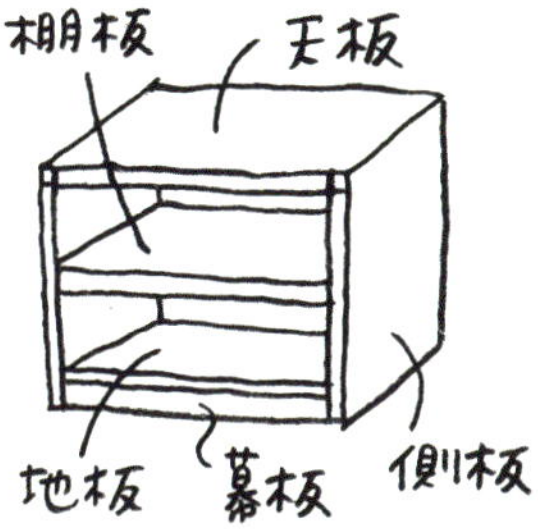


① 幕板を地板に固定する

② 側板の棚板をつける位置に印をつける

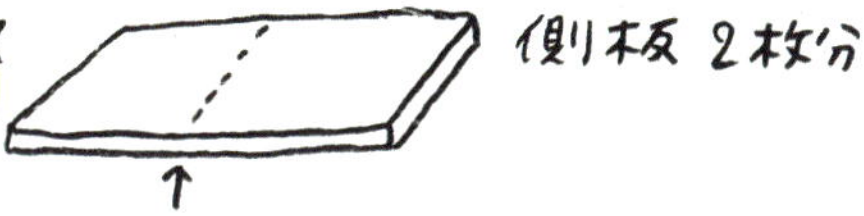


③ 地板&幕板に側板を固定する

④ 横に倒して天板と棚板を固定する

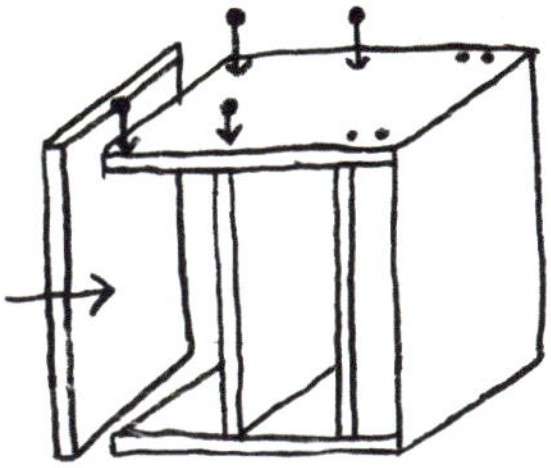

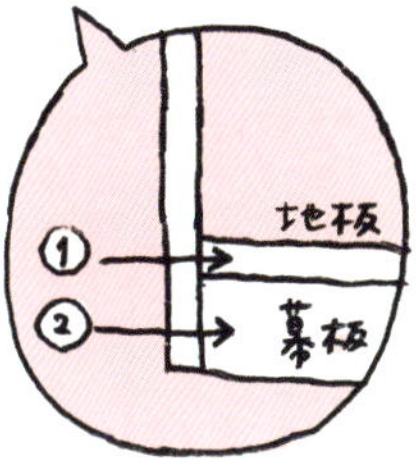


2か所をしっかり留める

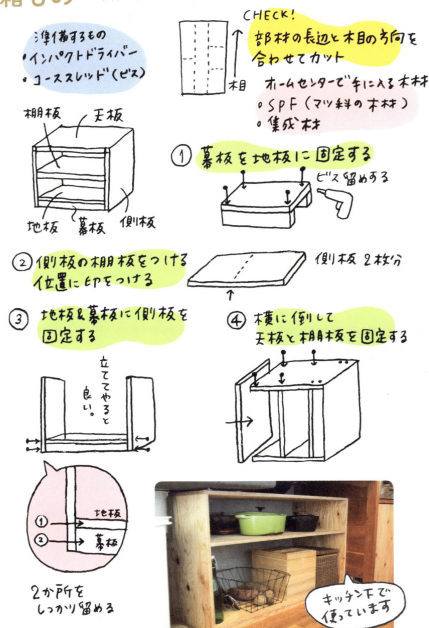

家づくりこぼれ話

# ロフトづくり

入居後に残されていた大仕事が、ロフトづくりでした。ロフトを経由して納戸に行く設計だったので、早くつくらないと荷物を入れるのに不便！という緊急事態に。

床張りを終え、しばらく考えあぐねたあと、夫が2日かけてロフトの柵を製作しました。しかし、思ったより圧迫感があり、なんだかしっくりこない。まさかのやり直しとなりました。その後もはしごを2回も移動したりと、ロフトは変貌をつづけました。

# 第4章
## 完成！そして現在

## 19 入居直前 床塗りハプニング？

拍子抜けするほど簡単だね
1人が塗って 1人が布で拭きのばす
フキ フキ
あっという間に塗り終わり……
なんか…
赤い… 壁とのコントラストが強い…
これって乾けば色薄くなる？
ガーン
色濃すぎた?!
えっ
事前に小さな見本で試し塗りしていたものの…
実際塗ってみると印象違うもんだね
ガーン ガーン
表面削ろうかな…
うそでしょ
えー！

数日後
ストーブ設置の日
こんにちはー
床の色
失敗
しちゃって…
傷心
先に見てる
え？
失敗に
見えなかった
ですけど…
？？
ハー
階段は塗らずにそのまま
あれ？
全然違和感
ないよ？
床乾いて
色落ちつく
良かった！
良かったね!!
削るとかムリ!!
パアアアアアア
床問題は
ギリギリ
セーフ！

長野より
ストーブ
到着
こんにちはー
100kg
階段上げ
よいしょー
よいしょー
室内の
えんとつ設置
ほ〜
半日ほどかけて
ストーブを
設置してもらい…
当たり前だが
高い…！
ひゃー
いよいよ
引っ越しです！
無事つきました

## 20 怒涛の引っ越し＆ついに入居！

丸太もあった…!
引っ越し当日
この丸太運べるって言ってました?
あ　はい　大丈夫だって言ってましたけど
…
運べない決まりだったらしい…
おまえふっざけんなよ
どういうつもりだよ
営業担当にブチ切れ
聞こえないトコでやって…!
ハプニングがありつつ作業は進み…
丸太のせいで2往復した…
ひっこしや
バタリ
ついに入居!

2013年末
ついに新居での
生活が
スタートしました
4畳半
寝室での目覚め
寒くない！
ガバ
息白くない!!
築40年超からの
落差……
暖房器具は
薪ストーブのみ
ですが
しっかり焚けば
2階全体が
暖まります
がんばる
薪ストーブ
でもまだ
扉がないから
すきま風が…
早く
扉つけなきゃ…
ヒュルリ〜
玄関脇
1F工房への
出入り口

そしてリビングの窓からの眺めはとても良いです！
景色を眺めつつ洗いもの中…
エーー
ハッ
キッチン隣が寝室!!
音で起きる
早く扉…(以下同)
全てつつぬけ（現状）ですが回れる間取りは便利です
ぐるぐる回って家事をこなす
キッチン
寝室
リビング
お風呂&洗濯
かあちゃ〜〜ん
子どもにどこで呼ばれてもすぐ行ける
☆ワンフロアってそうじが楽!!!

トイレは見て見ぬフリ
←いる
オープントイレ
とりあえず扉つくって
ハイ
あっちもこっちもやるべきことは盛りだくさん
ウィーン
年末年始はクローゼットのバーやら棚つけなどに明け暮れる…
車が庭にハマるというまさかの事態も
ドゥルルルルル
外構も早くやらなきゃーー！
☆外構土むきだし→霜おりる→とける→沼
※2回ハマりました

ガタガタ
？
よいしょ よいしょ
杉のJパネル（三層構造のパネル）
カラカラカラ パタン！
大変だけど楽しい！
ついたー！
まだまだ家づくりは続きます
この引き戸
死に節に
指をかけて
開けます！！
死に節

すごろく

# 家ができるまで

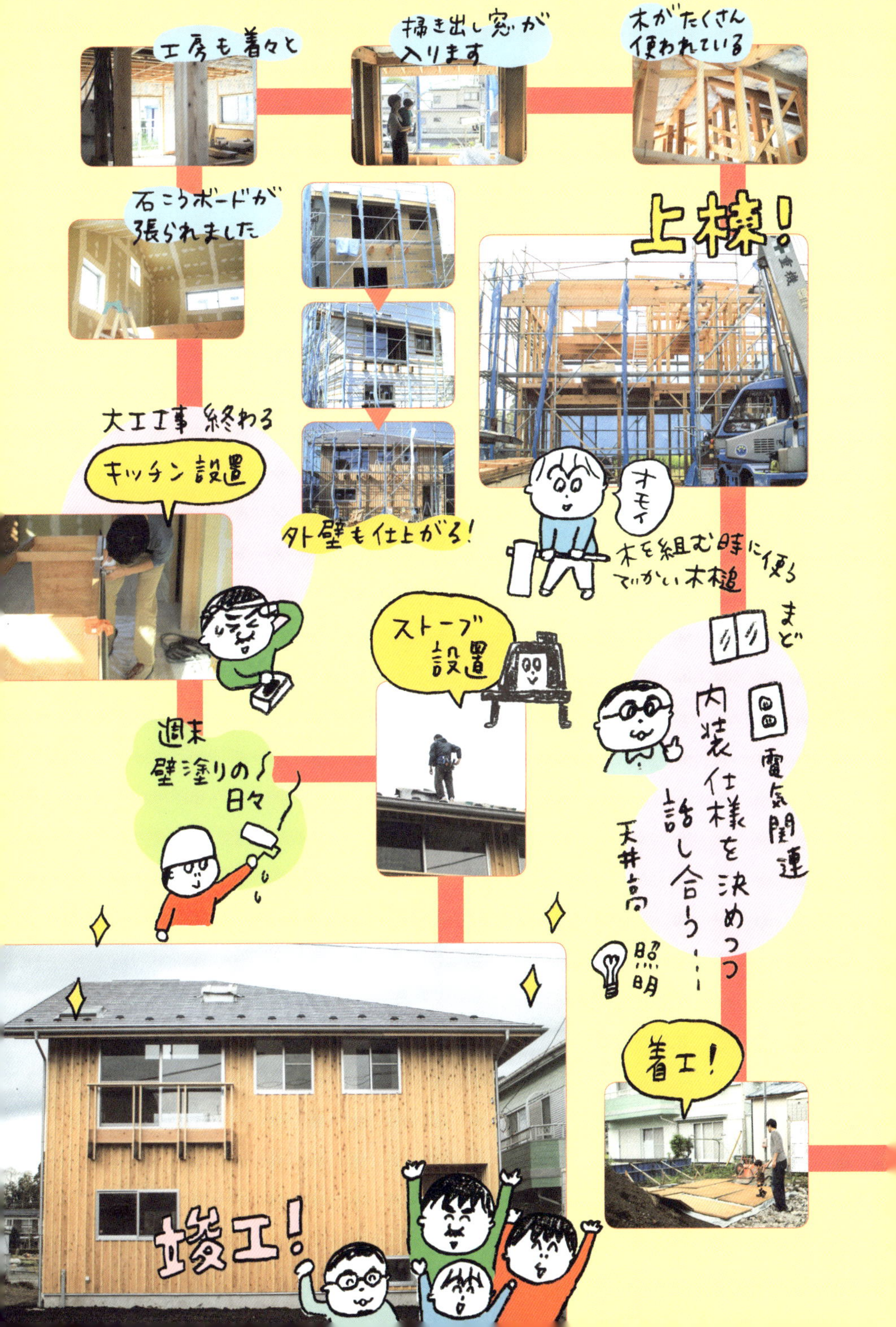
着工!
天井高
照明
電気関連
内装仕様を決めつつ話し合う・・・
など
上棟!
オモイ
木を組む時に使う
でっかい木槌
木がたくさん使われている
掃き出し窓が入ります
工房も着々と
石こうボードが張られました
外壁も仕上がる!
大工工事 終わる
キッチン設置
週末
壁塗りの日々
ストーブ設置
竣工!

# 21 3年が経ちました

入居後もあちこちDIYをつづけて丸2年
2016年3回目の春を迎えます
ついにグラインダーにも手を出す
シュイーン
もちろんまだつくってます
※玄関に張るタイルを切っています
とうちゃんなにつくってんの～
ドス
ドス
おもい…
息子が4歳になり猫が1匹増え
あんこ(♀)

長女
2015年8月生まれ
子どもがひとり増えました
完成したところもあれば暫定的なところもあり
全くの手つかずもたくさん…
コラ！。
衣装ケースのぼり
家族が増えて計画の練り直しもありつつ…
猫が飛び出す
玄関
危険箇所の解消
そろそろ動き始める娘…
猫トイレの場所
ベランダ
落ちる

いつも未完成の箇所を頭の片隅において生活しています
もはや趣味
あそこはあーしてこーして
一方で夫は本業・家具製作で独立を果たし1階の工房が稼働し始めました
2015年6月独立!
工房
広くとったリビングも大いに活用されています
撮影中
まあ正直…いつもピカピカとはいきませんが…
広いから散らかると地獄

何くわぬ顔
収めるべきところに収めればお客様を迎えられます
こんにちはー
家具打ち合わせのお客様
設計士のオチアイさんには仕事でもお世話になり
建具のお仕事
こんなのつくれます？
ハイハイ
すごい良い眺め〜
いいなー
やはりリビングからの眺めが好評
住みながらつくる家に興味を持ってくれる来客が増えました

なんか…家を建てたら仕事も人もつながりが増えたよね〜
仕事で知り合った人
家を見にくる人マンガを見てくれる人
くつろぎに来る友人
オ4アイさんつながり
それはたしかにそうだね
私もこのマンガを描いてるし…
あの時思いきって決断して良かった
土地購入時
え゛ーすぐ決めるの?!
フフフ
ピンポーン
Sさん出てきた…
あ

いってきまーす
仕事と家族とともに我が家は現在も成長中
工夫と熱意とDIYでお金はないけどなんとか建ちました！
どんどん動いてこだわりの家づくり実現しましょう！
おしまい

# 家づくり参考リスト

## 施主支給で使ったサイト

タイル・石材・フローリング
●**タイルライフ**
http://www.tilelife.co.jp/
種類が豊富。掘り出し物もあり。フローリングと、後にDIYで玄関に敷いた石材はここで。

設備・洗面ボウル・水栓
●**サンワカンパニー**
http://www.sanwacompany.co.jp/
施主支給と言えばサンワカンパニー（たぶん）。洗面の水栓を購入。

設備・建材
●**ADVAN**
https://www.advan.co.jp/
輸入物の設備や建材を多く扱っています。TVCMもやっています。

薪ストーブ
●**山林舎**
http://www.stoveya.jp/
家づくりを始めるずっと前（20歳そこそこ）から気になっていたところ。有名建築家とのコラボストーブ等も多し。実際に作業場も訪ねました。

木材
●**まんてん木材**
http://www.lumber.jp/
木材がとにかく安い！　在庫は流動的。外壁・軒裏材はここで揃えました。新築中のお客さんにオススメしたら、しっかり使ってました。

設備・ユニットバス
●**MALUKOH**
http://www.malukoh.com/
ユニットバスが激安！　若干怪しい雰囲気はあったものの、ユニットバスと給湯器を購入。

塗料・漆喰
●**大橋塗料**
http://ohhashi.net/
塗料が安くて豊富。説明も親切。仕事でもお世話になってます。内壁用の漆喰、床用のオイルワックス、塗装用具を購入。

設備
●**ANOIE**
http://www.anoie.com/
高級ラインの輸入物が多い。
洗面ボウルを購入。

## 建築家、建築

●**アルヴァ・アアルト（アトリエ、夏の家）**
アトリエは実際に訪れました。開放的で美しい空間。夏の家は自邸ということもあり、実験的でおおらかな雰囲気があり、LDの内装は特にロフトへの上がり方を参考にしました。

●**清家清（私の家）**
ワンルームの構成の仕方、庭とのつながり等。コルビュジエの小さな家に通ずる感じもあり？

●**そのへんにある小屋**
質素で、てらいのない佇まいが好み。古びた素材感があるものが良い。

●**前川國男自邸**
江戸東京たてもの園に現存。LDのレイアウト等非常に参考になりました。

## 参考にした雑誌・本・サイト

**●「住む。」（泰文館）**

ずっと購読している雑誌。家そのものの良さもさることながら、そこで営まれている暮らしにより目を向けているのが良いです。
丁寧で美しい雑誌。

**●「住宅建築」（建築資料研究社）**

主に永田昌民さんの特集号を購入。ディテールの図面等も載っており、読み応えあり。

**●中村好文**
**「普通の住宅、普通の別荘」**
**「小屋から家へ」（TOTO 出版）**

祈りと遊び心、おおらかさを感じる空間。「普通」というよりは「普遍性」があるように思います。大いに影響を受けています。

**●「堀部安嗣の建築」（TOTO 出版）**

緻密で祈りのある空間。光の美しさ。高そう、とは思うものの、とても美しい住宅たち。

**●「伊礼智の住宅設計作法 」**
**（アース工房）**

おおらかで美しく、使いやすそうな空間。どちらかと言うと設計者向けの本で、細かいところまで載っていて勉強になります。

**● ル・コルビュジエ「小さな家」**
**（集文社）**

有名な、両親への小さな家。小さいながらも工夫に満ちた美しい空間。
湖に面した大きな窓は、我が家の山に面した窓のヒントになりました。

**●「紋黄蝶」ミナ・ペルホネン カタログ**

オチアイさんとの最初の打ち合わせの際に見せたもの。 撮影に使われている、土壁風の内装が美しい。
最初はこういう壁にしようと思っていました。
キッチンも素敵です。

**●藤門弘「シェーカーへの旅」（平凡社）**

シェーカーのコミューンを訪ねる本。シェーカー教徒の暮らしぶりがわかります。
質素で清廉な暮らしに魅力を感じます。

**● 100%LiFE**
**http://100life.jp/**

様々な住宅が紹介されているウェブサイト。
参考になったものも。

**●永田昌民**

シンプルで落ち着きのある美しい空間。「低い天井」に影響を受けました。

**●辻・近川建築設計事務所**

和の雰囲気のある空間。美しい光。

**●若原一貴**

シンプル。分量を抑えた叙情的な光が美しい。

**●松原正明**

シンプルで機能的な空間。

**●吉村順三**
**（軽井沢の山荘等）**

設計されたのが一昔前ということもあり、モダンだが懐かしさがあるのが良い。素材を参考にしました。

**●藤森照信**

素材の使い方がいい。面白い。そしてきれい。ねむの木子ども美術館、秋野不矩美術館へも足を延ばしました。

## 古道具・雑貨・庭のもの

**LET'EM IN（レットエムイン）**
**http://letemin.jp/**
古道具店。ここで買った壁掛け時計を愛用中。
●東京都国立市北 2-13-48-101

**骨董や福中　八王子**
**http://www.kiwa-group.co.jp/shop/38/**
所狭しと並べられた商品。まるで宝探しのようです。
●東京都八王子市左入町 111-12

**高幡不動　ござれ市**
高幡不動尊境内で毎月第３日曜に行われる市。日用品、着物、器などなんでもござれで、ぶらぶらするだけでも楽しい。
●東京都日野市高幡 733

**green gallery GARDENS**
**http://www.gg-gardens.com/**
入居後の庭づくりで苗や木を購入。ちなみに木は夫担当、草花は妻担当。
●東京都八王子市松木 15-3

## 夫の家具工房

**hyakka** ヒャッカ
**http://hyakka-furniture.com/**
マンガの中ではDIYばかりしていますが、
本業の家具工房も稼働中。
椅子、テーブル、収納家具のほか、
木製キッチンや建具も手がけています。

1F工房でつくっています！

---

仕事や展示でお世話になっているギャラリー＆ショップ

**SPACE KOH**
**http://space-koh.c.ooco.jp/**
西武柳沢駅前の小さなギャラリースペース。
展示でお世話になっています。
●東京都西東京市柳沢 6-1-11-103

**MODESTE**
**http://www.modeste.info/**
静かな住宅街にある
カフェギャラリー。
●東京都八王子市元横山町
3-5-4-101

**10+（テンプラス）**
**http://10plus.tokyo**
可愛くて個性的な品揃え。
内装も素敵です。
●東京都八王子市
八日町 10-19

# あとがき対談

## いろいろつくり直したい

**ササキ（以下サ）** 入居して3年経って、すでにつくり変えたいところが出てきてるね。

**夫** まずキッチンは全取っ替えしたいね(笑)。収納は引き出しの方が良いし、水回りの仕様も全て変えたい！ 仕事でお客様のキッチンをつくっていろいろ勉強したのが大きい。

**サ** あと大きいところではめ殺し窓ね。やっぱり真夏は暑い(笑)。でも結局猛暑日はクーラーをつけるから、まあいいかと思ってるけど。

**夫** 窓の位置もね、もう少し高くても良かったなと思ってる。ダイニングで座った時に景色の切り取られ方がより良い。

**サ** 家ができて、椅子に座らないとわからなかったね。

## 回れる間取りは良い！

**サ** この間取りはとても使いやすいよ。どこへ行くにもロスがないし、子どもたちがぐるぐる走り回って盛り上がるし、特に狙ってなかったけどお風呂上がりが寒くないのが実は大きい。そしてお風呂は窓がなくても問題なし！

**夫** ただキッチンの隣が寝室っていうのはおすすめできないね。うっかり扉を閉め忘れるとちょっと食べ物の香りがする(笑)。

**サ** そしてこの先の課題は子ども部屋の使い方だね。

**夫** 実質3畳ないからね(笑)。2段ベッドを駆使したやり方を模索したい。限られたスペースで策を練るのが楽しいんだよね。

## 新築の家は やっぱりおすすめ！

**夫** 家を建てたことで家具についての考え方も幅が広がったし、自分の実感を持ってお客様と相談できるのは本当に良かったなと思ってる。これから家を建てるお客様も多いから参考にしてもらいやすいし。

**サ** 私はいろいろ考えてつくった家だから多少の不便に気づいても許せるというか、愛着が持てていて、むしろ居心地の良さをすごく感じる。やっぱり新築は快適！ 断熱がしっかりしてるから古民家のような寒さがなくて体が楽！

**夫** 「土地を買って新築する」って勇気はいるけど、うちの毎月のローンは賃貸時代の家賃とさほど変わらない。自分たちが必要な広さで工夫してつくれば新築も夢じゃない！

**サ** 収入不安定夫婦でもなんとかなってます！

**夫** いやー、家づくりは楽しいね。あと3軒建てたいな〜。

**サ** そうね…お金持ちになったらね…。（各方面に向けて）仕事ください！

## profile

### ササキサキコ

1984年東京都八王子市生まれ。2009年よりフリー。
イラストレーター＆デザイナーとして書籍、雑誌などを中心に活動中。
夫、息子、娘、猫の5人家族で、
「まだつくり途中」の家に住んでいます。

http://sasakisakiko.com

web連載時から応援してくださった方々
書籍化に踏み切ってくださったけやき出版さん
家づくりを支えてくださったオチアイさんと大工さん
二人三脚でマンガをつくってくださった金田麦子さん
ありがとうございました！

この本は「BEST TiMES」（KKベストセラーズ）のWEB連載を
大幅に加筆修正してまとめたものです。

**2000万円で**
**最高の家を建てました！**

2017年4月8日　第1刷発行

著者　ササキサキコ
発行者　小崎奈央子
発行所　株式会社けやき出版
〒190-0023
東京都立川市柴崎町 3-9-6
TEL042-525-9909
FAX042-524-7736
http://www.keyaki-s.co.jp
印刷所　株式会社サンニチ印刷

ISBN978-4-87751-569-0 C0052


企画・編集　金田麦子
デザイン　ササキサキコ